何も知らなくても大丈夫！

人事労務・総務
担当者の人へ

# 労務管理の基本的全部なところ教えちゃいます！

特定社会保険労務士
漆原香奈恵
社会保険労務士
佐藤麻衣子
漫画：ひかノ光

ソシム

| 施行時期 | 内容 | 法律 | 参照 |
|---|---|---|---|
| 令和2年9月 | 副業・兼業の促進に関するガイドラインの改定 | | 261頁 |
| 令和2年9月 | 複数事業労働者に対する労災保険給付の改正 | 労災保険法 | 271頁 |
| 令和3年3月 | フリーランスとして安心して働ける環境を整備するためのガイドラインの策定 | | 218頁 |
| 令和3年3月 | テレワークの適切な導入及び実施の推進のためのガイドラインの改定 | | 218頁 |
| 令和3年4月 | 同一労働同一賃金 **中小企業** | パート有期法 | 9章 |
| 令和5年4月 | 月60時間超えの時間外労働に対する割増賃金率の運用 **中小企業** | 労働基準法 | 80頁 |
| 令和6年4月 | 時間外労働の上限規制の適用猶予(医師・建設・運転・砂糖製造)の廃止 | 労働基準法 | 69頁 |

## “主な働き方改革の施行時期と概要”

平成30年6月29日に、「働き方改革関連法案」が可決・成立し、平成30年7月6日に公布されたの。

従業員がそれぞれの事情に応じた多様な働き方を選択できる社会を実現するため、働き方改革を総合的に推進し、「長時間労働の是正」「多様で柔軟な働き方の実現」「雇用形態にかかわらない公正な待遇の確保」などの措置を講ずることが働き方改革の関連法改正の趣旨よ。

平成31年4月から上の図のような流れで改正されているわ。

# 働き方改革の法改正等の全体像

## 平成31年4月

**労働基準法**

- 年次有給休暇の年5日時季指定付与義務（101頁）
- 時間外労働の上限規制　大企業（68頁）
- フレックスタイム制の清算期間の見直し（63頁）
- 高度プロフェッショナル制度の創設（67頁）

**労働時間等設定改善法**

- 勤務間インターバル制度の導入（努力義務）（73頁）

**労働安全衛生法**

- 医師による面接指導の対象労働者拡大（178頁）
- 産業医等の活動環境の整備など
- 労働時間の客観的把握の義務化（59頁）

## 令和2年4月

**労働基準法**

- 時間外労働の上限規制　中小企業（68頁）

**パート有期法**

- 同一労働同一賃金　大企業（9章）

**労働者派遣法**

- 派遣労働者の同一労働同一賃金

### 中小企業の範囲（①または②）

| 業種 | ①資本金の額または出資の総額 | ②常時使用する従業員数 |
|---|---|---|
| 小売業 | 5,000万円以下 | 50人以下 |
| サービス業 | 5,000万円以下 | 100人以下 |
| 卸売業 | 1億円以下 | 100人以下 |
| 製造業その他 | 3億円以下 | 300人以下 |

- 業種は日本標準産業分類によって判断
- 個人事業主、医療法人などは従業員数で判断
- 派遣従業員は派遣元で算入
- 在籍出向は、出向元・出向先双方で算入
- 移籍出向は出向先で算入

## 毎月発生する手続きなど

- 有休管理
- 勤怠管理の確認
- 給与計算
- 賃金台帳の整備
- 健康保険・厚生年金保険料の支払い
- 源泉所得・税復興特別所得税・住民税特別徴収分の納付（特例納付は６カ月ごと）

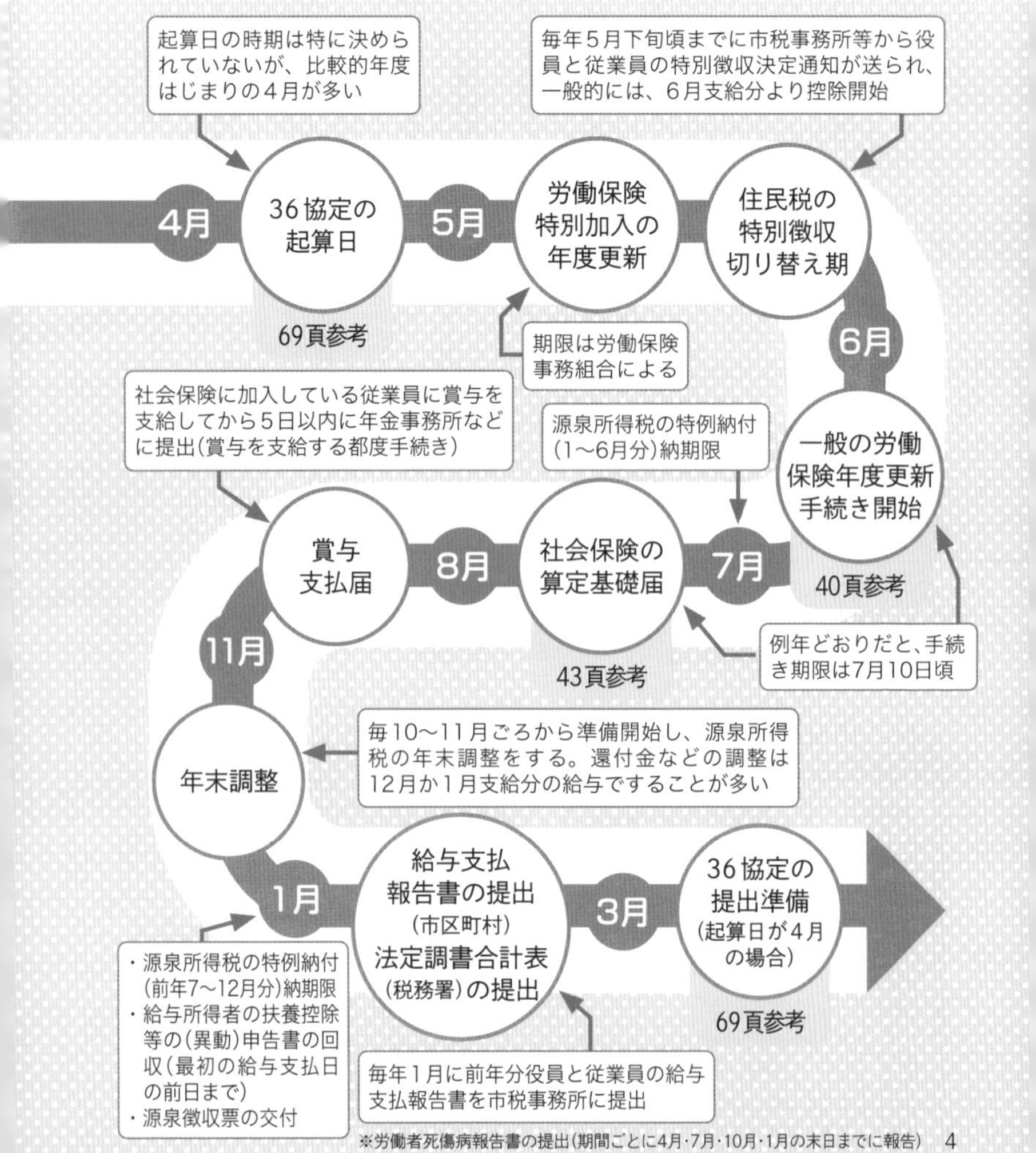

起算日の時期は特に決められていないが、比較的年度はじまりの４月が多い
毎年５月下旬頃までに市税事務所等から役員と従業員の特別徴収決定通知が送られ、一般的には、６月支給分より控除開始
4月
36協定の起算日
69頁参考
5月
労働保険特別加入の年度更新
期限は労働保険事務組合による
住民税の特別徴収切り替え期
6月
一般の労働保険年度更新手続き開始
40頁参考
例年どおりだと、手続き期限は7月10日頃
源泉所得税の特例納付（1〜6月分）納期限
7月
社会保険の算定基礎届
43頁参考
8月
賞与支払届
社会保険に加入している従業員に賞与を支給してから５日以内に年金事務所などに提出（賞与を支給する都度手続き）
11月
年末調整
毎10〜11月ごろから準備開始し、源泉所得税の年末調整をする。還付金などの調整は12月か１月支給分の給与ですることが多い
1月
・源泉所得税の特例納付（前年7〜12月分）納期限
・給与所得者の扶養控除等の（異動）申告書の回収（最初の給与支払日の前日まで）
・源泉徴収票の交付
給与支払報告書の提出（市区町村）
法定調書合計表（税務署）の提出
毎年１月に前年分役員と従業員の給与支払報告書を市税事務所に提出
3月
36協定の提出準備（起算日が４月の場合）
69頁参考


※労働者死傷病報告書の提出（期間ごとに4月・7月・10月・1月の末日までに報告）

# 入社と退社の手続きと書類 1年度の主な仕事

## 入社時

| 手続き | 用意・回収する書類等 |
| --- | --- |
| ・雇用保険被保険者資格取得届<br>・健康保険・厚生年金保険被保険者資格取得届／厚生年金保険70歳以上被用者該当届<br>・扶養者（異動）届・第3号保険者関係届<br>・住民税の徴収方法の確認 | ☑ 雇用契約書又は労働条件通知書<br>☑ 労働者名簿・賃金台帳・出勤簿（勤怠管理ツール・タイムカードなど）<br>☑ 社員証・名刺・メールアドレスなど<br>☑ 入社時の誓約書・身元保証書<br>☑ 給与振込同意書<br>☑ 通勤経路報告書・通勤経路図<br>☑ 前職の源泉徴収票の回収<br>☑ 雇用保険被保険者証の回収<br>☑ マイナンバー・年金手帳写しの回収<br>☑ 給与所得者の扶養控除等の（異動）申告書の回収 など |

## 退社時

| 手続き | 用意・回収する書類等 |
| --- | --- |
| ・雇用保険被保険者資格喪失届<br>・雇用保険被保険者離職証明書<br>・健康保険・厚生年金保険被保険者資格喪失届<br>・退職者の源泉徴収票<br>・健康保険の任意継続（希望者）<br>・特別徴収の異動届出書 | ☑ 健康保険証の回収<br>☑ 社外秘資料回収<br>☑ 資格喪失証明書<br>☑ 社員証等の回収<br>☑ 退職届・退職願の受取<br>☑ 退職承諾書<br>☑ 退職時の誓約書<br>☑ 退職合意書（必要に応じて） など |

## 副業・兼業

**趣旨**

人生100年時代を迎え、若いうちから自らの希望する働き方を選べる環境をつくっていくことが必要になっている。副業・兼業は、新たな技術の開発、オープンイノベーション、起業の手段や第2の人生の準備として有効であり、原則として副業・兼業を認める方向での職場環境整備が求められている。

**主な取り組み**

- ☐ 就業規則の見直し（副業・兼業を認める方向でのルール策定）
- ☐ 申請方法や届出書の整備
- ☐ 労働時間管理（自己申告による把握、労働時間の通算・管理モデルの検討）
- ☐ 労働保険・社会保険の確認（社会保険における二以上事業所勤務届の対応等）
- ☐ 健康管理の実施

**ガイドライン**

「副業・兼業の促進に関するガイドライン」

## 同一労働同一賃金

**趣旨**

会社内におけるいわゆる正規雇用労働者（無期雇用フルタイム労働者）と非正規雇用労働者（有期雇用労働者、パートタイム労働者、派遣労働者）の間の不合理な待遇差の解消を目指すもの。どのような雇用形態を選択しても納得が得られる処遇を受けられ、多様な働き方を自由に選択できるようにする。

**主な取り組み**

- ☐ 会社内における非正規雇用労働者の有無・分類の確認
- ☐ 正規雇用労働者と非正規雇用労働者の待遇差の確認（給与、福利厚生、休暇など）
- ☐ 待遇差が不合理なものでないか確認し、不合理であった場合は解消へ取り組み、不合理でない場合は説明できる体制を整備する
- ☐ 派遣労働者への対応（派遣先均等・均衡方式または労使協定方式による処遇の決定）

**ガイドライン**

「不合理な待遇差解消のための点検・検討マニュアル」
「同一労働同一賃金ガイドライン」

# 新しい働き方と時代にあった職場づくり

## ──各種ガイドラインに沿った労務管理──

「働き方改革関連法案」をもとにして、働き方も時代にあったものに変わっていこうとしているの。
各種法令を守りながら、厚生労働省が示すガイドラインに沿って職場環境を整備して行くことが求められているの。労務トラブルの防止だけでなく人材の採用・定着の面においても重要度が増しているのよ。自社の課題や社員のニーズにあわせて取り組みを推進していきましょう。

### テレワーク

**趣旨**

テレワーク＝情報通信技術を利用する事業場外勤務。労働者の通勤負担の軽減や業務効率化につながり、働く時間や場所を柔軟に活用することで仕事と生活の調和を図ることができる。会社にとっても、生産性の向上、育児や介護などを理由とした離職の防止、遠隔地の優秀な人材の確保、オフィスコストの削減などのメリットがある。

**主な取り組み**

- □ テレワーク対象者・対象業務の整理
- □ 導入におけるICT環境整備（システムの導入、ペーパーレス化、業務の指示方法の決定など）
- □ 就業規則の見直し（費用負担・手当、労働時間制度の見直し等）
- □ 情報セキュリティ体制や作業環境の整備、研修の実施
- □ テレワークに適した評価制度の検討

**ガイドライン**

『テレワークの適切な導入及び実施の推進のためのガイドライン』

株式会社若葉
それで…
君が新人の子かね?
はい!
プルルル!
プルルル…
どーん!!
安田です
よろしく
おねがいします!
安田 美咲
総務部新卒
真面目で素直

ん
小山部長
株式会社若葉の総務部長
花形の営業部長から
異動して1年
ん？
あ あれ 声…聞えたよね？
で では… 先輩にも挨拶してきます！
ん
先輩は確か さっきお手洗いに 行っていたはず

あ 先輩!
安田美咲と申します! どうぞよろしく おねがいします
あぁ 新人の子ね よろしく
はい! いろいろ教えてください!
教えるったって 基本は資料に 書いてあるから
ここは学校じゃ ないから 基本は自分で調べて
髙橋先輩
総務部5年目
少し冷たいところがある
わかりました!
大丈夫かな 労務管理って 何したらいいんだろう?
うーん
※入社1日目

労務管理は法令を守りながら働きやすい職場づくりをすることポイントを押さえれば大丈夫よ！
ドーン！
最近は働き方も変わってるんですよ！
まいこ先生
社会保険労務士／CFP®
かなえ先生
特定社会保険労務士／キャリアコンサルタント
わぁ！
!!
どなたですか…？
誰?!

社労士で
人事のお仕事に詳しい
お姉さんとでも
思っておいてちょうだい♪
かなえ先生です。
困ったときはいろいろ
教えてあげるわね
まいこ先生です。
こ…
心強い！
シャララ
ラーン

本書ではわかりやすくお伝えするために、表現を簡略化している個所があります。詳細は行政資料などをご確認ください。

もくじ

contents

contents

# 第1章

# 募集・面接・採用・労働契約

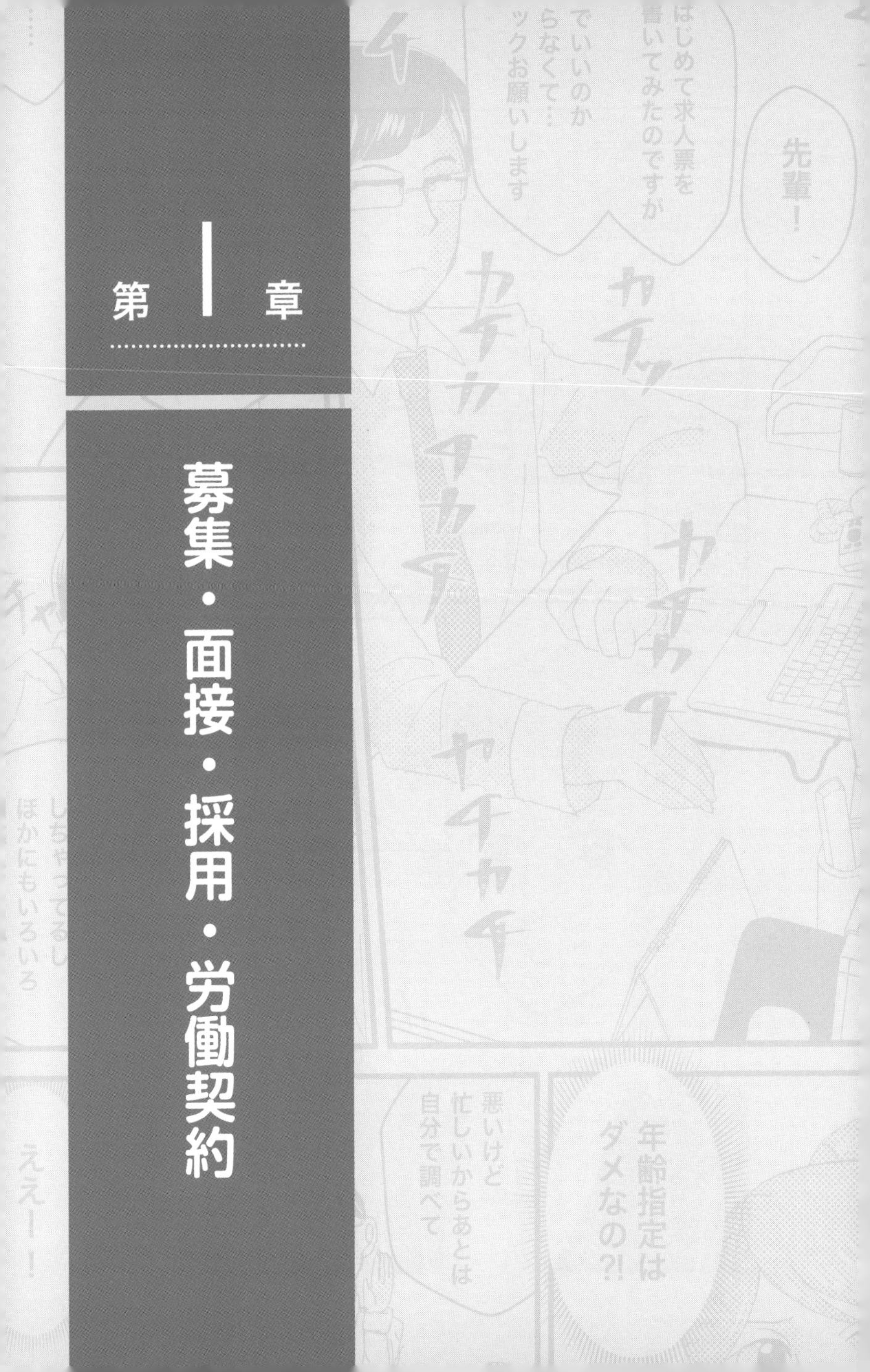

――入社3日目
午後13時――
美咲がようやく
人の名前と顔が
一致してきたころ…
安田さん
これ初仕事
はい!
わあっ!!

**白黒つけたいパンダポイント**

求人募集には禁止表現がある。原則性別や年齢、など絞ってはいけないよ。

ついに…
初仕事
よし！
やるぞ！
カキカキ
まずは
言われたことを全部
書いてみよう！
うーん…
軽く書いては
みたけど…
これでいいのかな?
……
聞いてみるか…

カチカチ
先輩!
はじめて求人票を書いてみたのですが
これでいいのかわからなくて…チェックお願いします
カチ
カチッ
カチカチカチ
カチカチ
カチカチカチ
ピクッ
……
スチャ
何これ?
年齢まで指定しちゃってるし ほかにもいろいろ間違えてるね
年齢指定はダメなの?!
じゃ
悪いけど忙しいからあとは自分で調べて
えぇー!
は はい…

どうやって調べようかな…
あっ
あら落ちたわよ
かなえ先生
これは…
求人票?
はい
ははは
つくってはみたんですがいろいろ間違ってるみたいで…
ちょっと見せてもらうわね
確かにこのまま提出はできない状態ね

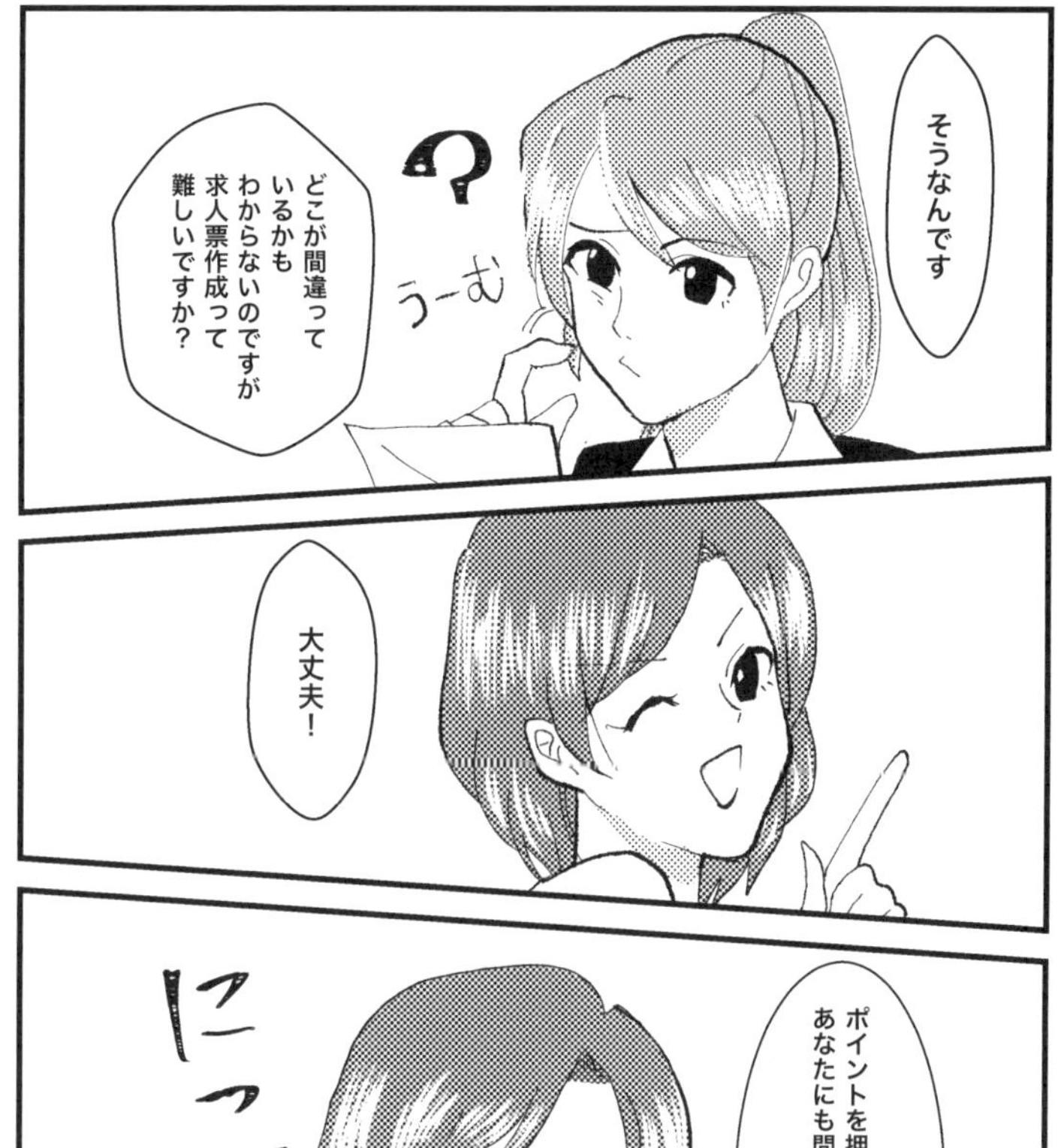
そうなんです
どこが間違っているかもわからないのですが求人票作成って難しいですか？
うーむ
大丈夫！
ポイントを押さえておけばあなたにも問題なくつくれるわ
ニコッ
安心してね
詳しく見ていこう！

# 01

# 求人のしかたにもルールがある！

## ○求人募集には禁止表現がある。「時給780円、若い女性歓迎」はNG

求人募集をする際、禁止されている募集要件があるのよ。知らずに募集してしまうと法令違反になる可能性もあるから、気をつけてね。

### 性別を限定する表現

今回は男性を募集したいんですけど、NGワードとかありますか？　例外的に認められることってないんですか？

求人募集や採用においては、性別に関わりなく平等な雇用の機会を設けるため、**性別を理由とする差別表現は禁止されている**の（次ページ下表）。ただし、業務を行ううえで、**「どちらかの性別でなければならない合理的な理由」**があれば、**認められるわ。**その場合、性別を限定しても違反にはならないの。

### 性別を限定する禁止表現の例外

- 女優、男性モデル
- 巫女、レースクイーン
- 現金輸送車の警備員（男性のみ）

また、事実上生じている男女格差を改善するために、あえて一方の性を優遇するのは（ポジティブ・アクション）法違反とはならないの。これが例外的に認められることね。

### 女性の応募を促すポジティブ・アクション

- 女性がいない・少ない職種で女性を積極的に採用する
- 会社案内などで、社内で活躍している女性を積極的に紹介
- 募集・採用区分ごとに女性比率の数値目標を設定

### 人材募集時の差別表現とNG要件例

| 禁止事項 | OK例 | NG例 |
|---|---|---|
| 募集・採用の対象から男女のいずれかを排除すること | 「営業職・営業スタッフ」「看護婦・看護士」「ホールスタッフ」「女性活躍中」「秘書」 | 「営業マン」「看護婦」「看護士」「ウエイター」「ウェイトレス」「女性歓迎」「女性秘書」 |
| 募集・採用条件を男女で異なるものとすること | 募集人数：10名 | 募集人数：男性7名、女性3名 |
| 採用選考において、能力・資質の有無などを判断する方法や基準について、男女で異なる取り扱いをすること | 営業スタッフ（法人営業経験者歓迎。未経験可） | 営業スタッフ（男性：法人営業経験あり、女性：未経験可） |
| 募集・採用にあたって、男女のいずれかを優先する記載 | 男女同一の選考基準に基づいて選考をする | 女性は在宅勤務可能な方 |
| 求人の内容の説明等情報の提供について、男女で異なる取り扱いをする記載 | 説明会・面接<br>※男女ともに同一の試験内容を実施する | 「男性のみ説明会参加」「女性のみ面接あり」「男性のみ会社案内を送付」 |

## 年齢を限定する表現はＮＧ

性別を限定する表現は高橋先輩の言っていたとおりダメなんですね。ということは年齢を20代限定で募集するのもＮＧですか？

そうね。年齢に関係なく、個人の能力、適性を判断して募集・採用し、一人ひとりに均等な雇用の機会が与えられるように、**原則として年齢を制限する表現は禁止されているの**（下表）。

## 年齢の記載で禁止されていることの例外

「年齢制限に合理的な理由があると認められる」場合は、例外として年齢制限が認められているの。

### 年齢を制限する表現例

| 年齢の記載で禁止されていること | OK例 | NG例 |
|---|---|---|
| 特定の年齢層の応募を排除する記載 | 学生歓迎<br>※年齢の決まりはないため年齢制限にならない | 若い方歓迎 |
| 募集や採用の対象から特定の年齢層を排除する記載 | 年齢不問<br>※年齢の表記は禁止 | 「募集年齢：35歳まで」<br>「18歳以上」<br>※求人票では年齢不問としながらも、年齢を理由に応募を断るのもNG |
| 特定の年齢層に対し条件をつけた記載 | 全員適性検査を実施 | 45歳以上の方の適性検査を実施 |

### 年齢制限が適用され、例外となるケース

- 長期勤続によるキャリア形成のために、若年者を期間の定めなく募集・採用するケース
- 技能・ノウハウの継承のため、労働者数の少ない特定職種・特定年齢層を対象に、期間の定めなく募集・採用するケース
- 子役が必要な場合など、芸術・芸能における表現の真実性が要請されるケース
- 60歳以上の高年齢層または特定年齢層の雇用を促進する施策の対象者のみ、募集採用するケースなど
- 18歳以下は働いてはならない業種など、労働基準法などで年齢制限が設けられているケース

## 特定の人を差別・優遇する表現はNG

ほかにも、禁止されている表現があるのでいくつか説明しておくね。

特定の人に対する差別的な意図や、表現が特定の人を傷つけるような記載、受け取り手が不快な思いや苦痛を感じるような用語の使

### 間接差別表現とNG要件例

| 間接差別の禁止 | 合理的理由がない場合のＮＧ要件例 |
|---|---|
| 募集・採用にあたって、労働者の身長、体重または体力を要件とする記載 | 業務に不必要であるのに、一定以上の筋力、身長または体重があることを要件とする |
| 労働者の募集・採用にあたって、転居を伴う転勤に応じることを要件とする記載 | 必要もないのに、全国転勤に応じられることを要件とする |

用・表現は、「差別表現」にあたるので、求人募集を作成する際には注意が必要よ。（前ページ下表）
人種や居住地、身体的特徴、さらに言葉だけでなく、イラストなどの目に入る表現も同様に注意が必要なので気をつけて。

## 実態と異なる好条件・求人票の誇張表現

そして、求人募集を作成する際に**実態よりいい条件を記載して労働者をだますような行為は、当然禁止されているわよ。**会社をよく見せるために、業務内容や待遇を誇張して応募者を集め、入社後に条件と実態が異なることからミスマッチが起こり、トラブルが生じるケースもあるから気をつけてね。

## 最低賃金以下の給与の求人

最後に忘れてはいけないのが、**最低賃金を下回る賃金での求人応募、採用はできないということ。**各都道府県で定められた最低賃金を下回る条件設定は、最低賃金法で禁止されているの。**最低賃金はほぼ毎年改定しているから注意が必要よ。**

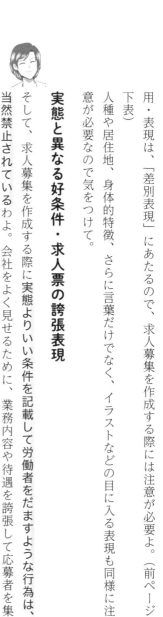

## 求人募集のルール（注意すべき法規制）

求人募集を制作する際に禁止されている表現は、職業安定法、労働基準法、男女雇用機会均等法、最低賃金法、雇用対策法といった法律によって定められているの。追加で説明すると、**職業安定法では求人票に以下の「必ず記載しなければならない項目」ついて定めているから**、漏れのないようにしっかり記載してね。

**職業安定法により求人票に必ず記載しなければならない項目**

- 労働者の業務内容、労働契約の期間、就業する場所 ■試用期間の有無及び内容
- 就業時間（始業及び終業の時刻、裁量労働制が適用される場合はその旨を明示）
- 時間外労働の有無、休憩時間と休日
- 始業および終業の時刻、所定労働時間を超える労働の有無、休憩時間および休日（裁量労働制を採用する場合はその旨を明示）
- 賃金の額（いわゆる「固定残業代」を採用している場合、手当を除いた基本給および手当の額）
- 社会保険（健康保険、厚生年金）、労働保険（労災保険および雇用保険）の適用の状況
- 募集者の氏名または名称 ■派遣労働者として雇用しようとする場合はその旨
- 就業場所における受動喫煙を防止するための措置

# 02 お父さんの職業と年収を質問するのはNG

## ○ 面接では応募者の適正と能力に直接関係のないことは質問しない

就職差別につながらないように、会社が面接で質問する際に心掛けなくてはいけないのが次の2つよ。

会社が面接で質問する際に心掛けておくこと

- **応募者の基本的人権を尊重する**
- **応募者の適性と能力のみを選考の基準とする**

ここから派生する、面接時に聞いてはいけない11の項目を見ておいてね（下表）。

### ■面接時に聞いてはいけない項目

| | |
|---|---|
| **本人に責任のない事項の把握** | ❶本籍・出生地に関すること（「戸籍謄(抄)本」や本籍が記載された「住民票(写し)」を提出させる）<br>❷家族に関すること（職業、続柄、健康、病歴、地位、学歴、収入、仕事の有無、勤務先、資産など）<br>❸住宅状況に関すること（間取り、部屋数、住宅の種類、近郊の施設など）<br>❹生活環境・家庭環境などに関すること |
| **本来自由であるべき事項（思想信条にかかわること）の把握** | ❺宗教に関すること　❻支持政党に関すること<br>❼人生観、生活信条に関すること<br>❽尊敬する人物に関すること　❾思想に関すること<br>❿労働組合に関する情報（加入状況や活動歴など）、学生運動など社会運動に関すること<br>⓫購読新聞・雑誌・愛読書などに関すること |
| **採用選考の方法** | ●合理的・客観的に必要性が認められない採用選考時の健康診断の実施　●身元調査などの実施 |

Part 03

# 「社会保険に入りたくない」は許される?

従業員を雇ったら必要となる公的保険は、「労働保険（労災保険・雇用保険）」と「社会保険（健康保険、介護保険、厚生年金保険）」の5種類があるのよ。

## 労働保険は、「労災保険」と「雇用保険」に分けられる

労働保険も広義の社会保険に含まれるのよ。労災保険と雇用保険をセットで労働保険というの。

## 労災保険は従業員全員が加入する

労災保険は、従業員が仕事中または通勤中にケガや病気、障害や死亡した場合に必要な給付をしてくれる保険なの。

パートやアルバイトなどの雇用形態に関わらず、従業員

■従業員を雇い入れたら必要になる5種類の社会保険

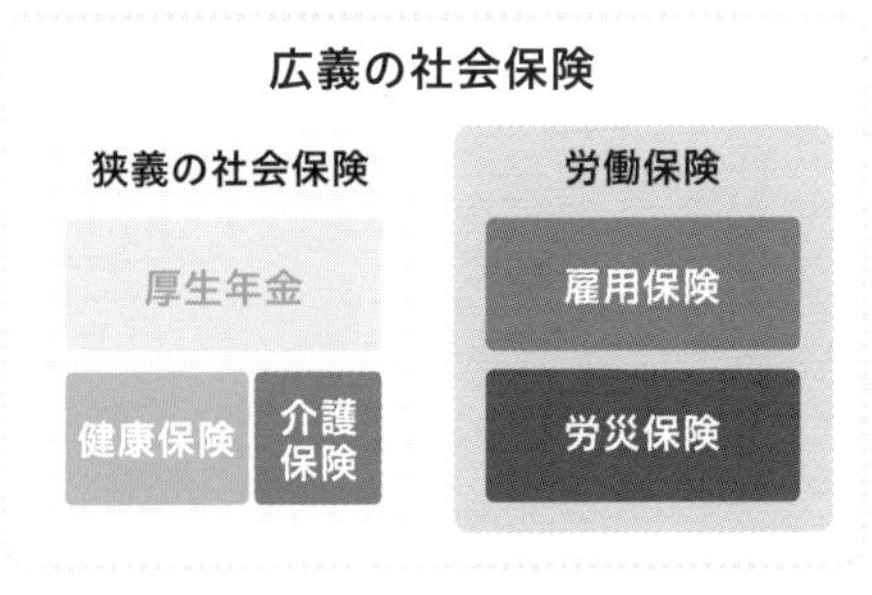

全員が加入することが義務づけられている保険ね。労災保険は全額会社負担になっているから、従業員の給与からは控除されないの。

## 雇用保険は条件があった従業員は全員加入する義務がある

雇用保険は、従業員が失業した場合や育児・介護をする場合、教育訓練を受ける場合などに必要な給付をしてくれる保険なの。

## ○狭義の社会保険は、「健康保険」「介護保険」「厚生年金保険」に分けられる

一般的に社会保険といわれているのが、健康保険・介護保険・厚生年金保険の3つの保険の総称ね。**保険料は給与などに応じて決まり、会社と従業員が折半して負担するしくみになってい**るの。労働保険に比べると保険料が高いので、社会保険料を負担に感じている会社もあるのも事実ね。

## 健康保険は従業員やその家族が病気やケガをしたときに守ってくれる

健康保険は、従業員やその家族が病気やケガをしたときや出産、死亡時などに、必要な医療給付や手当をもらえる保険なの。健康保険に加入することでもらえる健康保険証を提示すること

で、病院の窓口で払う金額は治療費の3割になるのよ。

**介護保険は従業員が要支援・要介護状態になったときに守ってくれる**

介護保険は、従業員が65歳以上になって要支援・要介護状態となった場合や、40歳以上で末期がんや関節リウマチなどが原因で要支援・要介護状態となった場合に、必要な給付をもらえる保険なの。介護保険料は、満40歳に達した日（40歳の誕生日の前日）が属する月から徴収されるのよ。

なるほど、私の給与明細から介護保険料が控除されていなかったのは、40歳に達していないからなんですね。

**厚生年金保険は年金として将来や何かのときに守ってくれる**

厚生年金保険は、従業員が高齢や障害、死亡したときにもらえる保険なの。国民年金に上乗せ給付されるのよ。常時雇用かつ70歳未満の従業員が対象になるわ。詳しくは、第1章05を見てね。

# 04 【労働保険】新しく社員が入社してきた❶

## ○雇用保険の資格を取得する手続き

労働保険の窓口は、労災保険と**雇用保険で分かれているのよ。雇用保険はハローワーク労災保険は労働基準監督署**がそれぞれ担当しているの。

労災保険は従業員全員が対象になるから、入社の際に個別の手続きは特に必要ないわ。雇用保険は該当する人が入社するたびに、個別に資格の取得手続きをするのよ。

### 雇用保険の適用範囲

**雇用保険は、従業員を雇用する会社は、その業種、規模などを問わず、農林水産業の一部を除いてすべてが適用されるの。**適用される会社は、労働保険料の納付、雇用保険法の規定による各種の届出等の義務を負うことになるの。

従業員が次ページ下記の❶および❷のいずれにも該当するとき、会社は**「雇用保険被保険者資格取得届」**を会社の所在地を管轄するハローワークに、入社した日の属する月の翌月10日までに提出しなくてはいけないのよ。

1週間の所定労働時間が20時間未満の従業員や同じ会社に継続して31日以上雇用されることが見込まれない従業員は、雇用保険の適用除外となるんですね。

## 雇用保険は会社が手続きをする

新たに従業員を雇う場合は、その都度、会社を管轄するハローワークに「雇用保険被保険者資格取得届」を提出するの。手続きは電子申請でできるから慣れれば簡単かな。ハローワークから交付された「雇用保険被保険者証」は、会社から本人に渡してね。

## 労働保険料（令和3年度の労災保険料と雇用保険料）について

労災保険料は会社が全額負担することになっているのよ。労災保険料率は事業内容によって労災の危険性が異なるので、災害発生の多い業種は保険料率が高くなっているの。事業種別ごと

■雇用保険の適用範囲に該当する人

**❶ 31日以上引き続き雇用されることが見込まれる者**

・期間の定めがなく雇用される場合
・雇用期間が31日以上である場合
・雇用契約に更新規定があり、31日未満での雇止めの明示がない場合
・雇用契約に更新規定はないが、同様の雇用契約で雇用された労働者が、31日以上雇用された実績がある場合

**❷ 1週間の所定労働時間が20時間以上の者**

に1000分の2・5～1000分の88まで細分化されているのよ。

**例** 食料品製造業では1000分の6、卸売・小売業・飲食店などは1000分の3が保険料率として定められているわ。保険料は、前年度1年間の全従業員の賃金総額に保険料率を掛けて算出されるの。

労災保険料は、前年度1年間の全従業員の賃金総額に保険料率を掛けて算出されるの。

## 労働保険料の計算のしかた

**全従業員の年度内の賃金総額×労災保険料率＝労災保険料**

実際に、どのように保険料を計算するか見てみましょう（下表）。

ちなみに請負による建設の事業では特例として、「発注者から受け取る請負金額合計×労務費率」の計算方式で賃金総額を算出するの。労務費率は、事業ごとに細かくパーセンテージが決まっているわ。雇用保険料は、次ページ下記の上の表のように事業の業種によって保険料率が3つに分かれているわ。会社負担は、「①失業等給付の保険料率」と「②雇用保険二事業の保険料率」に分けられるの。

**例**

従業員数10人、平均年収が280万円
（毎月20万×12カ月＋年間の賞与40万円 ※退職金・一時金を除く）の
小売業（労災保険率：3/1,000）の場合

**労災保険料負担額** 280万円 × 10人 × 3 ／ 1,000＝84,000円

「失業等給付の保険料率」については、会社と従業員の保険料負担は2分の1ずつになっているわ。各事業の雇用保険料率の振り分けは次の表のとおりよ。

雇用保険料率は失業保険の受給者数や積立金の残高などに応じて設定され、変更がある場合は4月1日から施行されるの。

雇用保険二事業ってどんな事業なんですか？

❶と❷の内容は下記の上表のとおりよ。

キャリアアップ助成金などの雇用関係助成金も、全額会社負担の雇用保険二事業の保険料が財源になっていたんだ！

## 雇用保険率表（令和3年度）

| 負担者 / 事業の種類 | 保険率 | 会社負担率 ①と②の合計 | 会社負担率 ①失業等給付・育児休業給付の保険料率 | 会社負担率 ②雇用保険二事業の保険料率 | 従業員負担率 |
|---|---|---|---|---|---|
| 一般の事業 | 9/1,000 | 6/1,000 | 3/1,000 | 3/1,000 | 3/1,000 |
| 農林水産清酒製造の事業 | 11/1,000 | 7/1,000 | 4/1,000 | 3/1,000 | 4/1,000 |
| 建設の事業 | 12/1,000 | 8/1,000 | 4/1,000 | 4/1,000 | 4/1,000 |

## 会社負担の雇用保険料の内容

| | |
|---|---|
| ❶失業等給付・育児休業給付の保険料 | 従業員が失業した場合、自ら教育訓練を受けた場合、雇用の継続が困難となる事由が生じた場合の、生活および雇用の安定と就職の促進を図るための給付 |
| ❷雇用保険二事業の保険料 | 失業の予防、雇用機会の増大、労働者の能力開発などを図るための事業<br>例 キャリアアップ助成金などの雇用関係助成金 |

雇用保険料は、次の計算式で算出されるの。

**給与額または賞与額（税金・社会保険料など控除前の額）×雇用保険料率＝雇用保険料**

労災保険料とあわせると、従業員1人について、1年間の労働保険料は次の式で計算できるわ。（計算結果は下記）。

**賃金総額×労働保険料率（労災保険率＋雇用保険率）＝労働保険料**

## 労働保険料の申告・納付（年度更新）手続きについて

保険給付などは、労働基準監督署、ハローワークで別々に行っているけど、保険料の申告・納付（年度更新という）は、労働保険料として一括で労働基準監督署で行っているの。手続きは電子申請でできるわよ。

**例**

**令和3年度に営業職のAさんが、賞与や通勤手当等を含む総支給額380万円（税金・社会保険料など控除前の給与額）支給を受けた場合**

**1年間の労働保険料**

**3,800,000円×（3/1,000＋9/1,000［内従業員負担3/1,000］）＝45,600円**

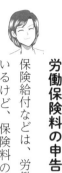

Part

# 05

# 【社会保険】新しく社員が入社してきた❷

## ○社会保険（健康保険・介護保険・厚生年金）の被保険者となる従業員

会社に常時使用される人（事業主を含む）は、国籍や性別、賃金の額などに関係なく、正社員、契約社員、パートタイマー、アルバイトなどの名称を問わず、社会保険の被保険者となるのよ（原則、70歳以上の人は健康保険のみの加入）。常時使用される人とは、臨時に使用される人や季節的業務に使用される人を除いて、就業規則や労働契約などに定められた一般社員の所定労働時間および所定労働日数の4分の3以上ある従業員ね（次ページ下表）。

あれっ、部長から「社会保険の加入は、試用期間の3カ月間経過後」と言われました。

試用期間であっても、従業員が常時使用される人なら入社のときから社会保険は強制加入よ。

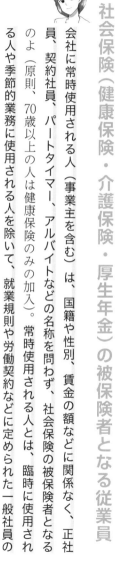

## ○社会保険の資格を取得する手続き

従業員を採用したり、従業員の人事異動による転入があったら、**「健康保険・厚生年金保険被保険者資格取得届／厚生年金保険70歳以上被用者該当届」**を5日以内に事業所の所在地を管轄する年金事務所に提出するの。そうすると、**健康保険被保険者証が交付される**わよ。

社会保険の資格を取得した日の属する月以降は、給与に応じた保険料を労使折半で負担するの。従業員分の社会保険料は、給与明細から厚生年金保険料と健康保険料（満40歳以上の従業員は介護保

### ■健康保険・厚生年金保険・介護保険の被保険者資格の取得基準

❶ 1週の所定労働時間および1月の所定労働日数が一般社員の4分の3以上

❷ 一般社員の所定労働時間および所定労働日数が4分の3未満であっても、次の5要件をすべて満たす人は、被保険者（短時間労働者）になる。

| | |
|---|---|
| **短時間労働者の資格取得要件** | ① 週の所定労働時間が20時間以上あること（残業を除く） |
| | ② 雇用期間が1年以上見込まれること |
| | ③ 賃金の月額が8.8万円以上であること（賞与、残業代、交通費を除く） |
| | ④ 学生でないこと（夜間、定時制の学生は除く） |
| | ⑤ 社会保険に加入中の従業員が501人以上の会社などに勤めていること。なお、厚生年金保険の被保険者数が501人未満の法人・個人の適用事業所であっても、労使の合意（従業員の2分の１以上の同意）で申し出をした場合は任意特定適用事業所となることも可 |

❸ 介護保険は、現役世代である第２号被保険者と65歳以上の第１号被保険者にわかれる。40歳から64歳までのいわゆる現役世代の第2号被保険者は、健康保険・厚生年金保険とセットで加入し、健康保険料と一緒に介護保険料を納める。

険料も）が差し引かれるので確認してみてね。実際の給与と社会保険料の月額が大きくかけ離れないよう、毎年1回、社会保険料を決め直す定時決定といって、算定基礎届を提出する手続きをするの。給与が大幅に変動した場合には、随時改定という社会保険料を改定する手続きをするの。また従業員には、健康保険の療養の給付や傷病手当金などを受ける権利が発生するの（第6章01）。さらに社会保険に加入している間は、厚生年金保険の加入期間および国民年金（基礎年金）の保険料納付済期間となるので、従業員が将来受け取る年金額にも反映されるの。

## ○家族を扶養に入れるための要件と手続き

健康保険の被保険者（従業員本人）に扶養家族が増えたら、従業員は会社経由で「被扶養者（異動）届」を年金事務所へ提出するの。そうすると、**家族に健康保険被保険者証が交付され**て、認定を受けた日以降、健康保険の療養の給付などを受けられるの。

### 被扶養者の認定

**扶養家族として健康保険の被扶養者になるのは、次ページの❶、❷いずれにも該当した場合**ね。年間収入は被扶養者に認定された日以降の年間の見込み収入額で、**雇用保険の失業等の給付、公的年金、健康保険の傷病手当金や出産手当金も収入に含まれる**の。被扶養者となっても

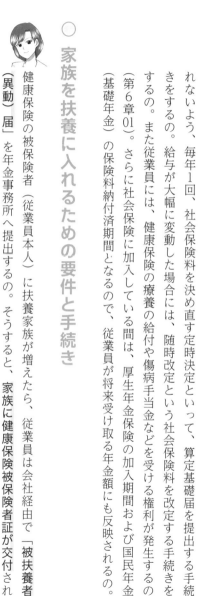

新たな保険料負担はないわ。

## ○健康保険の被扶養者の認定年月日について

資格取得届と同時に提出されたら、原則として、資格取得年月日が健康保険の被扶養者の認定年月日になるの。新たに扶養の事実が発生した場合、出生年月日、婚姻年月日などが認定日になるわ。

### ①収入要件

**年間収入 130 万円未満**
**(60 歳以上または障害者の場合は、年間収入 180 万円未満)**

**同居の場合**

収入が扶養者（被保険者）の収入の半分未満

or

**別居の場合**

収入が扶養者（被保険者）からの仕送り額未満

### ②同一世帯の条件（被扶養者の範囲図）

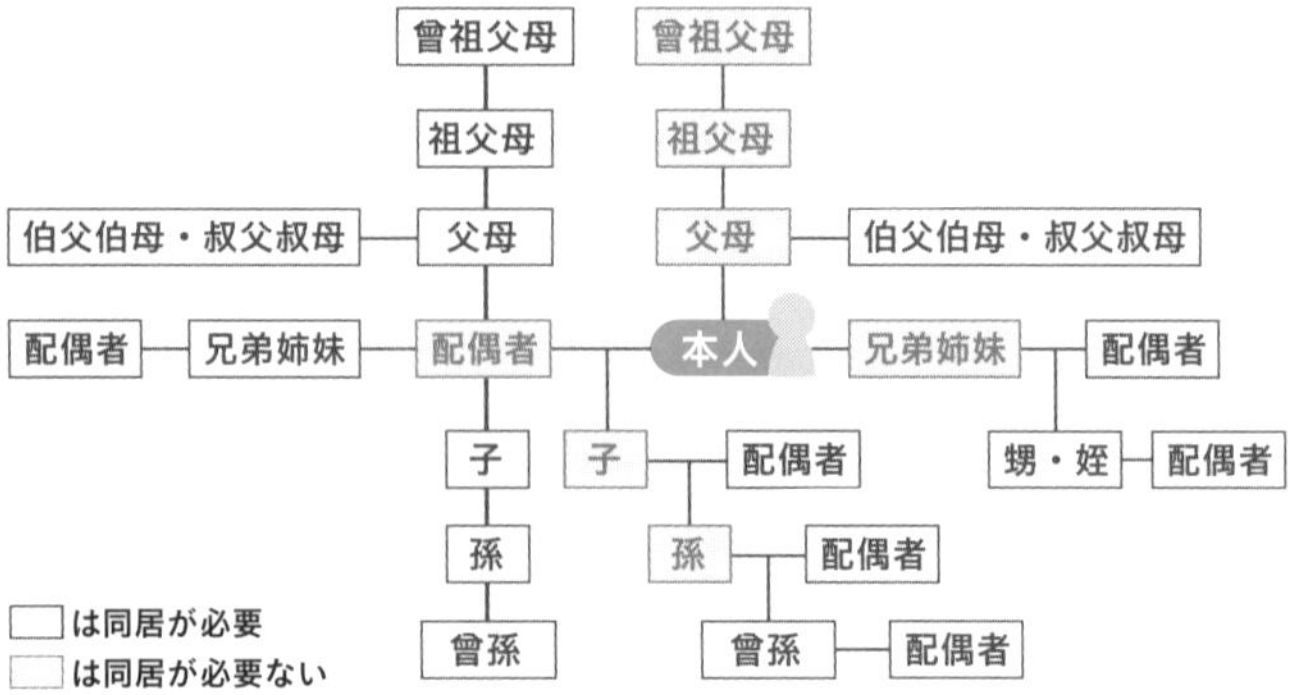

Part
# 06 試用期間はどれくらいが適正なの？

部長から試用期間は3カ月間と指示されたけれど、どれくらいの長さが適正なんですか？

**試用期間の長さについては、法律的な規制はない**のよ。3～6カ月程度としているところが多いかな。短い会社では1カ月、しっかり見極めたいから6カ月と設定している会社もあるわね。長ければ長いほど適性を見極めることができるけど、試用期間の趣旨は「**雇用者が採用者の適性を判断するために必要な合理的な期間**」とされているの。

従業員の立場からすれば、正式採用ではなく不安定な地位になるから、不必要に長い期間を定めるのは公序良俗に反し、場合によっては無効とされる可能性もあるのよ。

それでも、最初に設定していた試用期間では、どうしても適性が見極められないこともあるでしょ。そんなときは、試用期間を延長するという方法もあるの。試用期間の延長をする場合は、就業規則に延長がある旨や延長する理由、延長期間の長さなどを定めておく必要があるわ。ただし、延長しても最長1午までかな。

## ○試用期間中なら解雇しても問題ない？

もし、従業員が求めている人材ではなかった場合、試用期間中なら解雇してもいいんですか？

たとえ**試用期間中でも、客観的に見て合理的な理由がなければ解雇はダメ**よ。正当な理由というのは、経歴の詐称とか出勤不良、勤務態度が著しく悪いといったことね。試用期間中であれば、「簡単に解雇できる」「簡単に退職できる」というのは誤解だからね。**「個人的な好き嫌い」や「能力が期待はずれだった」といった理由による解雇もできない**のよ。

**雇用した日から14日以内に解雇する場合**

試用期間がはじまってから14日間以内に従業員を解雇する場合、予告や手当はなしで、即時解雇することができるの。だからといって自由に解雇できるわけではないのよ。試用期間の趣旨・目的に照らして、客観的に合理的な理由があるとか、一般的な常識の範疇でやむを得ないと判断できるときだけだから注意してね。

**雇用した日から14日をすぎたあとに解雇する場合**

試用開始から14日を超えて従業員を解雇する場合、通常の解雇と同じ手続きが必要なの。

Part
# 07
# 雇用契約書はメールで送ってもいいの？

## 労働条件の明示

部長から雇用契約書を作成するように指示されたのですが、雇用契約書って何が書いてあるんですか？

会社が従業員を採用するときは、賃金や労働時間そのほかの労働条件を明示しなければならないの。**労働条件のうち、特に賃金に関する事項など5項目（次ページ表）については書面で明示しなければならない**の。

労働条件の明示には、労働条件通知書や雇用契約書（労働契約書）を従業員に交付するのが一般的ね。

労働条件通知書のひな形が厚生労働省ＨＰに掲載されているので、必要に応じて利用するといいわ。雇用契約書においても、書面・口頭での明示ルールについては同じよ。

ただし就業規則に、対象従業員に適用される労働条件が具体的に規定されていて、労働契約締

## 労働条件の明示のしかた

| 書面の交付による明示事項 |
| --- |
| ❶労働契約の期間 |
| ❷就業の場所および従事する業務内容 |
| ❸始業および終業時刻、所定労働時間を超える労働の有無、休憩時間、休日、休暇、交代制勤務をさせる場合は就業時転換 |
| ❹賃金の決定・計算・支払いの方法、賃金の締め切り・支払いの時期（退職手当および臨時に支払われる賃金などを除く） |
| ❺退職（解雇の事由を含む） |

| 口頭の明示でもいい事項<br>（ただし、トラブル防止の観点から書面などの交付が望ましい） |
| --- |
| ❶昇給 |
| ❷退職手当の定めが適用される労働者の範囲、退職手当の決定、計算および支払いの方法、退職手当の支払いの時期 |
| ❸臨時に支払われる賃金（退職手当を除く）・賞与など、最低賃金額 |
| ❹労働者に負担させる食費・作業用品 |
| ❺安全および衛生 |
| ❻職業訓練 |
| ❼災害補償および業務外の傷病扶助 |
| ❽表彰および制裁 |
| ❾休職 |

| パートタイム労働者の労働条件の明示（書面などで文章を交付して明示） |
| --- |
| ❶昇給の有無 |
| ❷退職手当の有無 |
| ❸賞与の有無 |
| ❹相談窓口 |

結時に従業員一人ひとりに対し、その従業員に適用される部分を明らかにしたうえで就業規則を交付すれば、同じ事項について書面を交付する必要はないのよ。

## ◎従業員が希望すれば、FAX・電子メール・SNSなどで明示するのもOK!

**労働条件を電子メールなどで明示するときは、紛争を未然に防止する観点から、従業員が本当に電子メールなどによる明示を希望したか個別かつ明示的に確認してね。**また、本当に到達したか、従業員に確認したり出力して保存するように伝えるの。労働契約の締結時に明示を怠ったり、従業員が希望していないにもかかわらず、電子メールだけで明示したりすることは違法となるので気をつけてね。

## ◎期間の定めのある労働契約で気をつけることは?

会社は、契約を1回以上更新し、1年以上継続して雇用している有期契約社員との契約を更新しようとする場合、契約の実態やその従業員の希望に応じて、契約期間をできるだけ長くしなくてはいけないの。契約期間がすぎれば原則として自動的に労働契約が終了するけれど、❶または❷に該当しているのに契約を更新しない場合、会社は30日前までに予告しなければならな

いの（左記）。

### 有期契約社員の更新をしないとき、予告が必要な場合

**❶3回以上契約が更新されている場合　❷1年を超えて継続勤務している場合**

さらに反復更新の実態などから、実質的に期間の定めのない契約と変わらない場合や、雇用の継続を期待することが合理的な場合には、契約期間が満了して契約が更新されないことに、客観的・合理的な理由が認められないときは雇止めが認められないのよ。その場合は、今までと同一の労働条件で有期労働契約が更新されることになるの。

また期間の定めのある労働契約は、あらかじめ会社と従業員が合意して契約期間を定めているので、**会社はやむを得ない事由がなければ、契約期間の途中で従業員を解雇することは原則できない**の。期間の定めのない労働契約の場合よりも、解雇の有効性は厳しく判断されるわよ。

# 第2章

# 労働時間・時間外労働・休日労働・深夜労働

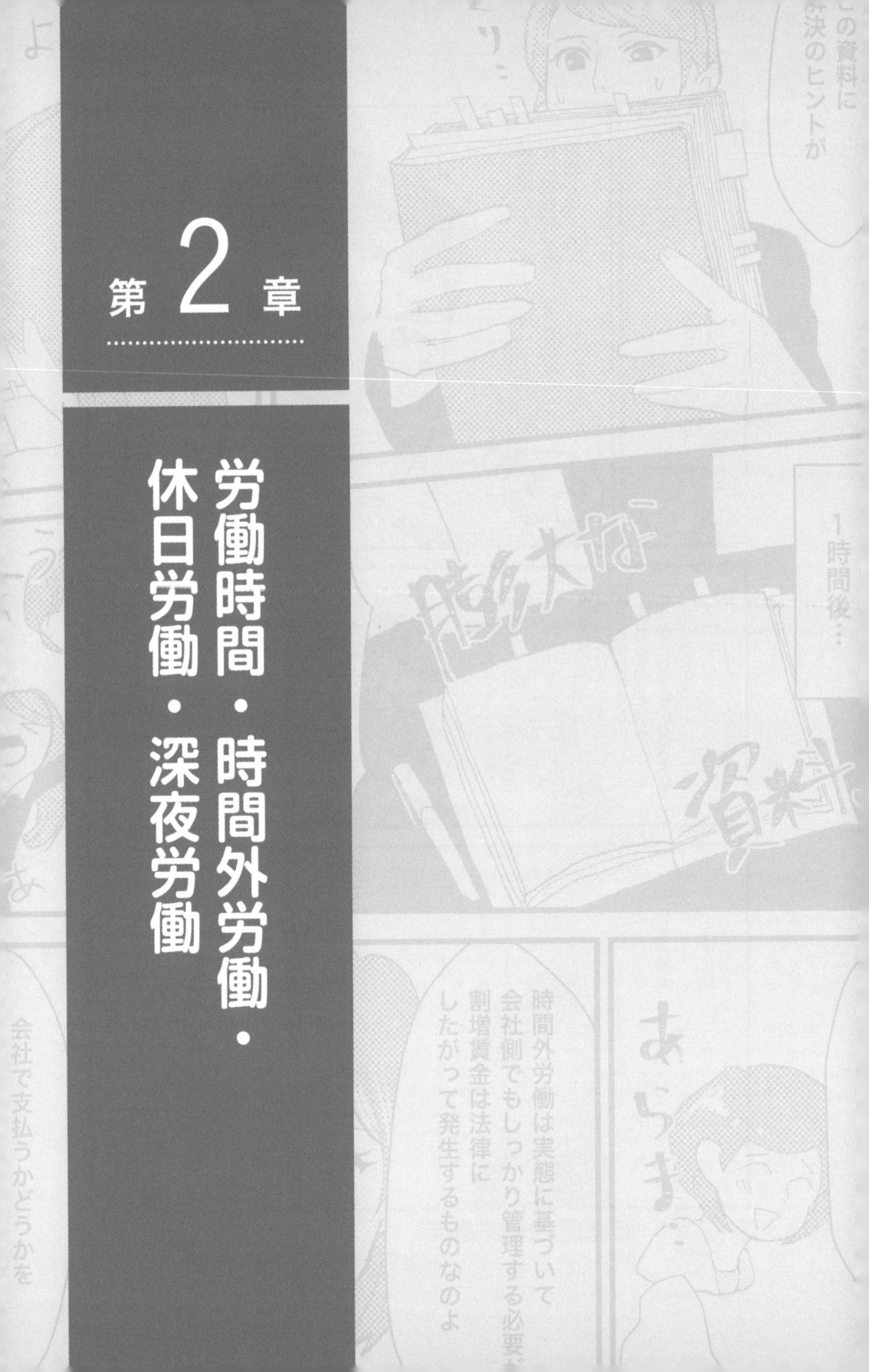

時間外労働上限規制が厳しくなってきているから残業の多い従業員には
20時になる前に先に退勤記録を打刻するように周知してくれ
はい 文書で通知します！
あと 時間で働くという考え方は基本的には当社にはないから
仕事に対してはしっかり評価して給与に反映しているし
それで従業員も納得しているから時間に対する割増賃金は特になしね
従業員が納得していればいいのか？
ん～本当にいいのかな？…

**白黒つけたいパンダポイント**

部長はめちゃくちゃだね。法定時間外労働には割増賃金は必須だよ。

主体的に仕事ができる
従業員を求めているから
基本的には何事も自己管理
に任せて 会社側での
労働時間の管理は
大体でいいよ
はい！
朝礼や研修の時間は
勤務時間にはならないから
出勤時間からは外して
給与計算するように
よろしく
はい…！
うーん…
なんというか…
なんて伝えたらいいんだろう？
はぁ…
こういうときこそ
先輩に聞くのがいいわね！
うん!!

**白黒つけたいパンダポイント**

労働時間は会社でしっかり管理しなくてはならないよ。大体ではダメ。
詳しくは59ページに載ってるよ！

先輩！
今よろしいでしょうか？
……。
カタカタカタカタ
カタカタカタカタカタカタ
これが今よろしいように
見える？
はあ…
すみません…
いつもなんの仕事
しているんだろう…
ここは学校じゃないんだから
まずは自分で調べて
これ 総務用の資料だから
どこかに時間外労働について
書いてあるんじゃない？

ごくり…
この資料に解決のヒントが
よしっ
1時間後…
膨大な
資料…
いやいや！この資料のどこに載っているんだ～
あら　また困ってるのね
あらま…
そうなんです…
ははっ
時間外労働は実態に基づいて会社側でもしっかり管理する必要があるわ
割増賃金は法律にしたがって発生するものなのよ
会社で支払うかどうかを決められることではないの
詳しく見ていこう！

Part

# 01 「若いうちは残業してあたりまえ」は、NG

## 法律で定められた「法定労働時間」

会社は、原則として1日に8時間、1週間に40時間を超えて労働させてはいけないの。

法定労働時間の原則（労働基準法第32条、第40条）

- **会社は、1週間に40時間を超えて労働させてはならない**
- **会社は、1日に8時間を超えて労働させてはならない**

ただし**特例事業場**として、商業、映画・演劇業、保健衛生業、接客娯楽業で規模が10人未満の事業場では、会社は1週間に44時間、1日に8時間まで労働させられるの。

法定労働時間は労働基準法で決まっている労働時間だから、会社で変えられないのね。

## ○会社で定めた労働時間が「所定労働時間」

所定労働時間は、会社が定める労働時間のことよ。**会社の就業規則等で定められた始業時刻から終業時刻までの時間**から、休憩時間を差し引いた労働時間のことよ。

会社が就業規則や雇用契約書で定めている労働時間のことですね。法定労働時間と違って、会社ごとに決めているんですね。

## ○実労働時間

次に、実労働時間とは従業員が実際に働いた時間のことね。**会社の指揮命令にしたがって実際に働く、休憩を除いた時間が実労働時間**ね。ちなみに、**休憩時間を含んだ始業から就業までの時間を拘束時間**と呼ぶのよ。

実労働時間には、始業の準備や終業後の整理時間は含まれないんですか？

始業の準備や終業後の整理時間、作業の待機時間も実労働時間に含まれるケースが多いわね。

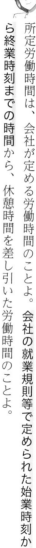

## ○研修やセミナーを受講している時間は労働時間？

労働時間としてカウントされるかどうかは、次の基準にしたがって判断されているの。

**労働時間とは**

- **会社や上司の指揮命令下に置かれている時間**
- **会社や上司の明示または黙示の指示で従業員が業務に従事する時間**

**例** 研修・教育訓練で業務じゃない自由参加のものは労働時間に該当しないけれど、参加しないと減給処分になったり業務ができない場合は、事実上強制参加だから労働時間になるの。

**例** **労働時間に該当しない**

- **参加の強制はせず、参加しないことで不利益な取り扱いもしない勉強会**
- **従業員が自ら申し出て先輩社員に依頼し、会社からの指揮命令を受けることなく勤務時間外に行う訓練**
- **外国人講師を呼んで開催している任意参加の、業務とは関連性のない英会話講習**

**例** 労働時間に該当する

- **会社が指定する社外研修に、休日に強制参加の指示があり、後日レポート提出も課される実質的に業務指示で参加する研修**
- **担当業務について、あらかじめ先輩社員の業務を見学しなければ実際の業務に就くことができない場合の業務見学**

## ○ 労働時間の記録と把握のしかた

部長から残業の多い従業員に対して、退勤打刻の時間指定がありました。実際の退勤時刻とは違う時刻での退勤記録を会社が指示してもいいんですか？

それは困った部長ね。働き方改革に伴って、**労働時間の状況の把握と記録をすることが義務づけられ、会社は従業員の始業・終業時刻を適正に把握して記録する必要があるの。**過重労働による健康障害防止や従業員の心身の健康状態を管理することが目的ね。

労働時間を適正に把握するために、どのような記録方法がいいんですか？

**タイムカードやICカード、パソコンの使用時間の記録などの客観的な記録による方法や、経営者自らが従業員の始業と終業を確認して記録する方法**があるわね。例外として直行・直帰などは、自己申告もＯＫ。ただし従業員に十分な説明をしたり、必要に応じて実態調査をして、労働時間を補正したりして自己申告によらざるを得ない場合の対策をしなくてはいけないの。

出勤時間の記録を取るタイミングは会社に入ったときから？　それとも仕事をはじめたときから？

ＩＣカードやタイムカードだけで始業・終業時刻を記録している場合、会社の建物への入退場の時刻が始業・終業時刻とはかぎらないの。**実際に仕事をはじめるとき、仕事が終わったときに打刻をするようにしたほうがいい**わね。
**労働時間は1分単位で把握**しないといけないの。でも、時間外労働の場合は、事務手続きの簡略化のために、1カ月分の合計に1時間未満の端数があったら、30分未満は切り捨てて、それ以上を1時間に切り上げることは法律違反にはならないわ。

Part

# 02 フレックスだから自由に仕事していいよね？

法定労働時間の原則は、「1日に8時間、1週間に40時間」を超えて労働させてはいけないと話したけど、ほかにも弾力的な労働時間制度があるの。業務の閑散や特殊性に応じて、会社にあった労働時間制度を検討できるのよ。

変形労働とかフレックスタイム制とか、言葉は聞いたことあります。

## 変形労働時間制（1カ月単位・1年単位・1週間単位）

変形労働時間制は、季節による繁忙期や閑散期のある業種、月初や月末の特定週が繁忙になる業種で採用されるの。労使が工夫して勤務時間の分配などを取り決める制度ね。管轄の労働基準監督署への届出や、労使協定または就業規則等で定めることで、**一定期間を平均して、1週間あたりの労働時間が法定の労働時間を超えない範囲内で、特定の日や週に法定労働時間を超えて労働させることができる**のよ（次々ページ下表）。

変形労働時間制には、1カ月単位、1年単位、1週間単位があるの。
2カ月や3カ月単位というのも可能よ。

## 1カ月単位の変形労働時間制

1カ月以内の一定の期間を平均して1週間あたりの労働時間が40時間（特例事業場は44時間）以内に収まるなら、あらかじめ1日の労働時間数や休日数を決めておくことで、1日8時間、1週40時間（44時間）を超える日や週があってもいいの。シフト表を作成して、下表の時間内に収まっているかを確認するといいわね。

## 1年単位の変形労働時間制

時季によって閑散がある会社は、1カ月を超え1年以内で、1週間の労働時間が平均40時間（特例事業場は44時間）以内に収まるなら、あらかじめ1日の労働時間と休日（労働日）を決めておけば、1日8時間、1週40時間を超えても労働させられる制度よ（次々ページ下表）。

1年って長いけど、途中で休日の変更とかできるんですか？

■1カ月単位の変形労働時間制の最長労働時間

| 歴日数 | 月の所定労働時間 |
|---|---|
| 31日 | 177.1時間（特例事業所は194.8時間） |
| 30日 | 171.4時間（特例事業所は188.5時間） |
| 29日 | 165.7時間（特例事業所は182.2時間） |
| 28日 | 160.0時間（特例事業所は176.0時間） |

1年単位の変形労働時間制の趣旨から、原則として適用期間の途中での休日の変更はできないの。そのほか、1週間単位の変形労働時間制もあるけど、実際使われるケースはあまりないからここでは省略するね。

## ○フレックスタイム制

フレックスタイム制は、**３カ月以内の一定期間の総労働時間をあらかじめ決めて、従業員がその範囲内で各日の始業および終業時刻を自主的に決定することができる制度**なの（次々ページ下表）。

あれ？　以前は1カ月単位で清算していたような…。

働き方改革の一環で、労働時間の調整ができる清

### ■1カ月単位の変形労働時間制を導入する際の注意事項

| | |
|---|---|
| **導入手順** | ❶労使協定または就業規則そのほかこれに準ずるもの（雇用契約書など）に、1カ月以内の変形期間における法定労働時間の総枠の範囲内で各日、各週の労働時間の必要事項を決める<br>❷所定の様式により、管轄の労働基準監督署長に届け出る（労使協定の場合）<br>※常時従業員10人以上の職場は、就業規則の届出も必要 |
| **定める事項** | ❶対象従業員の範囲<br>❷1カ月以内の変形期間と起算日<br>❸変形期間中の各日、各週の労働時間<br>❹変形期間中の各労働日の始業・終業時刻<br>❺労使協定による場合は有効期間 |
| **時間外労働となる時間** | ❶1日の所定労働時間（8時間以上）を超える時間<br>❷1週の所定労働時間（40時間（特例事業場は44時間）以上）を超える時間<br>❸（変形期間中の法定の総枠を超える時間）－（❶＋❷） |

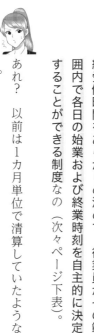

算期間が従来の1カ月から3カ月単位でできるようになったの（左表）。

## ○事業場外みなし労働時間制

事業場外みなし労働時間制は、従業員が

■清算期間が3カ月の場合

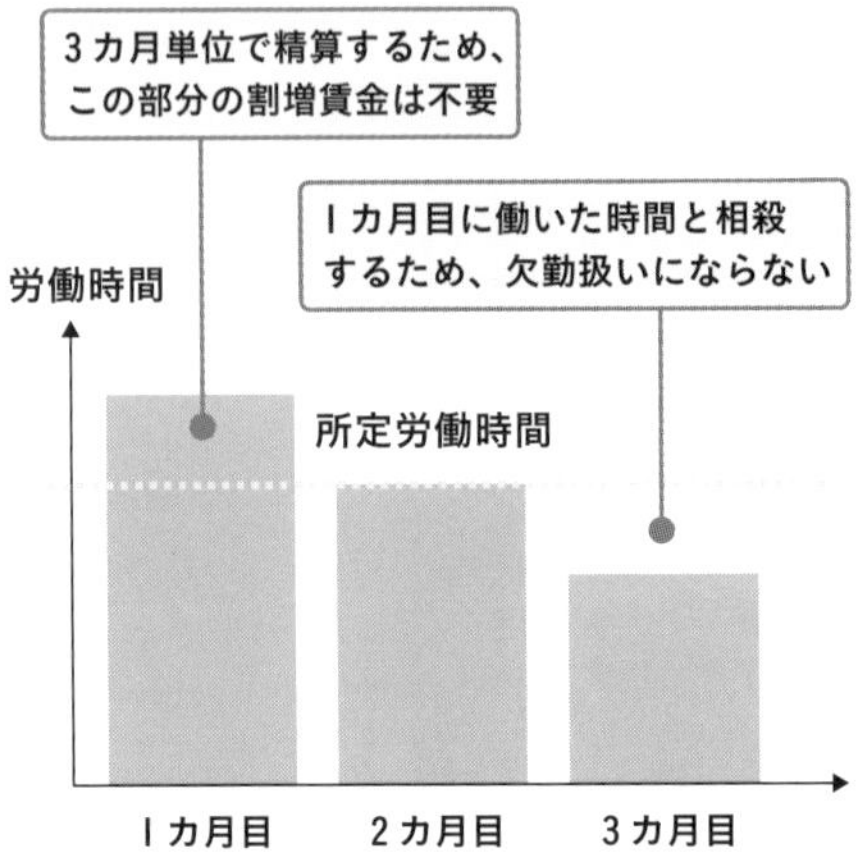
3カ月単位で精算するため、
この部分の割増賃金は不要
1カ月目に働いた時間と相殺
するため、欠勤扱いにならない
労働時間
所定労働時間
1カ月目
2カ月目
3カ月目

■1年単位の変形労働時間制を導入する際の注意事項

| | |
|---|---|
| **導入手順** | ❶労使協定の締結および就業規則などを変更する<br>❷所定の様式で管轄の労働基準監督署長に届け出る |
| **定める事項** | ❶対象従業員の範囲<br>❷1カ月を超え1年以内の対象期間（起算日も決めておく）<br>❸対象期間における労働日、労働日ごとの労働時間<br>❹有効期間　❺特定期間 |
| **1日・1週間の労働時間の限度** | ❶1日の所定労働時間の限度は10時間まで<br>❷1週の所定労働時間の限度は52時間まで |
| **そのほかの要件** | ❶対象期間の労働日数は1年280日以内（対象期間が3カ月以内の場合は制限なし）<br>❷対象期間中に、労働時間が48時間を超える週を連続させることができるのは3週まで<br>❸対象期間を3カ月ごとに区分した期間で、労働時間が48時間を超える週は、週の初日で数えて3回まで<br>❹連続労働日数は、原則6日まで（特定期間は12日まで） |
| **時間外労働となる** | ❶1日の所定労働時間（8時間以上）を超える時間<br>❷1週の所定労働時間（40時間以上）を超える時間<br>❸（変形期間中の法定の総枠を超える時間）－（❶＋❷） |

外勤や出張など、会社外で仕事をしていて労働時間を算定するのが難しい場合、原則「所定労働時間」、例外として、あらかじめ「当該業務の遂行に通常必要とされる時間」か「労使協定で決められた時間」を働いたとみなす制度よ。

業務の遂行に通常8時間必要と決めたけれど、実際は9時間か10時間かかってしまった日があったら……？

会社が1日の労働時間を8時間とみなせば、従業員が9時間外出していても8時間ということになるわね。逆に外で6時間しか働かない日があっても、その日は8時間としてみなすのよ。

みなし労働時間制の対象業務は、事業場外

## フレックスタイム制を導入する際の注意事項

| | |
|---|---|
| **導入手順** | ❶就業規則そのほかこれに準ずるもので、始業および終業時刻を従業員の決定に委ねることを規定する<br>❷労使協定で、制度の基本的な枠組みを定める<br>❸対象期間が1カ月を超える場合、管轄の労働基準監督署長へ届け出る |
| **労使協定で定める事項** | ❶対象従業員の範囲<br>❷清算期間（対象期間）起算日も決めておく<br>❸清算期間中の総労働時間：40×（月の歴日数）÷7　週休2日制なら所定労働日数を総枠とすることができる。清算期間が1カ月を超えるなら、1カ月ごとの労働時間が1週平均50時間を超えないことが必要<br>❹1日の標準労働時間は、有休を取得した際に、支払われる賃金の算定基礎となる労働時間の長さ<br>❺コアタイム（任意設定）は、必ず勤務する始業・終業時刻<br>❻フレキシブルタイム（任意設定）は、勤務していい始業・終業時刻 |
| **時間外労働となる時間** | ❶清算期間を通じて法定労働時間の総枠を越えた時間<br>❷清算期間が1カ月を超える場合には、加えて1カ月ごとに週平均50時間を超えて働かせるのも時間外労働 |

における勤務で会社の具体的な指揮監督がおよばず、労働時間の算定が困難な従業員なの。だから次のケースは、労働時間の算定が困難とはいえないから注意してね。

### 事業場外みなし労働時間制にならないケース

- **事業場外の勤務で、携帯電話や無線機などで随時会社の指示を受けながら勤務している**
- **あらかじめ訪問先や帰社時刻など事業場外の勤務について具体的な指示を受け、事業場外で勤務する**
- **従事者の中に労働時間を管理する者がいる**

現在はみんな携帯電話を持っているし、Ｚｏｏｍなどのツールも充実しているから、実際に適切に導入するとなると難しそうですね。

## ○裁量労働制（専門業務型・企画業務型）

裁量労働制は、業務の性質上、そのやり方や時間の配分などに関し、大幅に従業員の裁量に委**ねる必要のある業種で、あらかじめ労使間で定めた時間分を労働時間とみなして賃金を払う制**度なの。適用業務の範囲は厚生労働省が定めた業務に限定されていて、「専門業務型」と「企画業務型」があるのよ。

## 専門業務型裁量労働制

デザイナーやシステムエンジニア、弁護士など、業務の手段や時間配分などに関して、会社が具体的な指示をすることが困難な19の業務について、実際の労働時間数とは関係なく、労使協定で定めた労働時間数を働いたものとみなす制度なの。

## 企画業務型裁量労働制

事業運営の企画、立案、調査および分析の業務であって、その性質上、業務の手段や時間配分などに関して、会社が具体的な指示をしない業務について、実際の労働時間数とは関係なく労使委員会で定めた労働時間数を働いたものとみなす制度なの。ほかにも、労働時間の制約を受けずに働く「高度プロフェッショナル制度」という働き方改革で新設されたものもあるわ。

### 裁量労働制を導入する際の注意事項

❶休日の規定が適用されるため、原則として休日労働をする際は36協定の締結や割増賃金の支払いが必要（休日労働におけるみなし労働時間を定めていれば適用も可）

❷深夜労働の規定は適用されるため、深夜労働の把握や割増賃金の支払いが必要

❸休憩の規定は適用されるため、適切に休憩を与える必要がある

# 03

# 時間外労働の上限規制と36協定

## 残業（時間外労働）の上限規制

第2章01でも話したけど、働き方改革の一環として、残業（時間外労働）に上限が設けられたの。それにともなって、36協定届の様式も新しくなったのよ。今までは、特別条項を設けることで、上限なく時間外労働をさせることが可能だったの。**法改正によって罰則付きの上限が規定され、臨時的な特別な事情がある場合でも、上回ることのできない上限が設けられたの。**

改正前は上限なく残業が可能だったんですね。そこにメスが入ったのか。いきなり、すべての会社で残業が上限規制されてしまったのですか？　医療の現場で、緊急状態が続いていた場合でも罰則の対象になってしまうんですか？

いいところに気がついたわね。残業の上限規制には適用が除外または猶予されている業種があるの。とはいえ、長時間労働による過労死などの防止を考えると、長時間労働をあたりまえの

ようにしておくのではなく、徐々に自主的な取り組みによって、従業員の健康やワーク・ライフ・バランスを確保していく必要があるわね。

### 残業の上限が猶予されている業種（2024年3月31日まで）

**建設事業・自動車運転事業・医師・適用除外の業種**

**建設業に属する事業の本店・支店、トラックやタクシードライバーなど自動車を主に運転する者、新技術・新商品または役務の研究開発業務など。**

※2024年4月以降の取り扱いもそれぞれに異なるので確認が必要。

## ◯ 36協定（時間外労使協定）

36協定（時間外労働協定）は、労働基準法第36条に定めがあることから、一般に「36《サブロク》協定」と呼ばれているの。会社が法定労働時間（1日8時間・1週間で40時間）を超えて残業を命じる場合に必要になるのよ。

### 時間外労働の上限規制

| 限度時間（原則） | |
|---|---|
| 1カ月 | 45時間 |
| 1年 | 360時間 |

▶

| 限度時間を超えて労働することができる場合（臨時的な特別の事情がある場合）でも、超えることのできない上限 | | |
|---|---|---|
| 1カ月 | 残業＋休日出勤 | 100時間未満 |
| 2～6カ月 | 残業＋休日出勤 | 平均80時間以内 |
| 1年 | 残業 | 720時間以内 |

※限度時間である月45時間を上回れる回数は年6カ月（1カ月×6回）まで。

会社のイントラネットで周知されていました！　たしか、就業規則ファイルにも一緒に綴じられていました。労働基準監督署の受付印が押されていた書類のことですね。

36協定は、本店だけでなく支店など**事業場ごとに、会社と従業員の過半数で組織する労働組合か従業員の過半数を代表する者とで協定を締結**しなくてはいけないの。その協定で残業（時間外労働）・休日出勤（休日労働）について定め、管轄の労働基準監督署に届け出るの。届出は、郵送でも電子申請（ｅ－Ｇｏｖ）でも可能よ。ここまでやって、法定労働時間を超える時間外労働、法定休日における休日労働が認められるの。
会社は36協定の範囲内であっても従業員に対する安全配慮義務を負い、労働時間が長くなるほど過労死との関連性が強まることに留意する必要があるの。36協定のこと、まとめておくね。

### 過半数従業員の代表者

- **36協定を締結する者であることを明らかにして実施される「投票」「挙手」などの民主的な方法による代表者であること。**
- **管理監督者ではないこと**
- **パートやアルバイトなどを含め、事業場のすべての労働者の過半数を代表していること**

**従業員へ周知** 36協定で決めること

❶ 対象期間は1年間にかぎる
❷ 1年の起算日は、対象期間の初日
❸ 有効期間
❹ 時間外・休日労働をさせる必要のある具体的な事由
❺ 業務の種類については、業務の区分を細分化し、業務の範囲を明確にする
❻ 従業員は、労使協定締結時の従業員数
❼ 法定労働時間を越える上限時間数（1日・1カ月・1年）
❽ 法定休日労働をさせる日

## 時間外労働の特別条項

特別条項とは、時間外労働が45時間を超える場合に適用されるものなの。臨時的な特別の事情があって、労使が合意していても、前述の残業の上限規制を超えることはできないのよ。ちなみに「臨時的」とは、一時的または突発的に時間外労働をさせる必要のあるもので、「特別の事情」は、限度時間内の時間外労働をさせる場合の36協定での具体的事由よりも限定的である

必要があるの。次の例を参考にしてね。

特別条項の臨時的と認められるものの例

- 大規模なクレームへの対応
- 突発的な機械のトラブルへの対応
- 予算、決算業務
- ボーナス商戦に伴う業務の繁忙
- 納期のひっ迫　など

従業員へ周知　新しい特別条項付き協定で定める必要がある事項

❶臨時的に限度時間を超えて労働させる必要がある場合
- 1カ月の時間外労働＋休日労働の合計時間数（100時間未満）
- 1年の時間外労働時間（720時間以内）

❷具体的な特別の事情
❸原則としての延長時間をさらに延長する場合に労使が取る手続き
❹限度時間を超えることができる回数（年6回以内）
❺限度時間を超える時間外労働についての割増賃金率
❻限度時間を超えて労働させる従業員に対する健康および福祉を確保するための措置

## ◯長時間労働による過労死などの防止

長時間の過重労働による脳・心臓疾患の発症と、業務との関連性は強いという医学的知見も得られているのよ。**労災認定基準の労働時間のラインは、おおよそ月１００時間、発症前２～６カ月平均80時間なの**で、気をつけて時間管理してね。法改正後の36協定では、過労による健康障害を未然に防ぐため、労使協定の更新前後を通じた期間や転職前、兼職先、副業先の残業時間や休日労働時間数も確認して、どの職場で働いているときでも健康を損ねないように管理することになっているのよ。

部長からは労働時間の管理は大体でいいって指示されたけど、もう一度話しあいます！

## 勤務間インターバル制度

勤務間インターバル制度は、終業時刻から翌日の始業までの間に一定時間以上の「休息時間」を設けることで、従業員の生活時間や睡眠時間を確保する制度なの。労働時間等設定改善法の改正で会社の努力義務とされているの。

勤務間インターバル制度の導入を検討できないか部長に話してみよ。

# 04 休日には「法定休日」と「所定休日（法定外休日）」がある

## ○法定休日と所定休日とは？ 土日祝祭日は休日になるの？

法律上の休日労働は、労働基準法で定められた最低限の休日、「法定休日」に労働した時間のことをいうの。法定休日以外の、会社が定めた休日を所定休日と呼んでいるのよ。

法定休日

**会社は、少なくとも毎週1日の休日か、4週間を通じて4日以上の休日を与えなければならない。原則、法定休日は0時から24時の暦日単位。年間52（53）日。**

所定休日（法定外休日）

**会社が法定休日とは別に就業規則や雇用契約書等に定める休日のことを所定休日と呼ぶ。休日は労働契約上、従業員が働く義務のない日。**

週休2日制の会社が多いのは、所定労働時間が1日8時間なら、5日間働くと法定労働時間の週40時間に達するから、週の残り2日は必然的に休日になるからなの。

例 **毎週土曜・日曜が、そのうち日曜を法定休日と定めている会社であれば、土曜日に労働した時間は所定休日労働になって、日曜日に労働した時間が法定休日労働になるの。**法定休日は何曜日でもよくて、週によって変化させることもできるわ。

週休2日制の会社で法定休日を特定していない場合は、必ずしも土曜出勤が所定休日労働とはならないわよ。それぞれの会社の実情で休日のルールを決めて、就業規則や雇用契約書に定めましょう。

カレンダーどおりの土・日・祝祭日が、必ずしも休日になるわけではないんですね。弊社の就業規則を確認したら、休日は、土日祝祭日と規定されていました。そのうち、日曜日が法定休日と指定されていたので、土曜日と祝祭日は所定休日ということですね！

## ○ 振替休日と代休　間違えると給与に差が出る！

会社の休日に出勤したときは、ほかの日にお休みしてもいいんですか？

休日に出勤したら、あらかじめほかの勤務日と振り替える場合と、あとから休みを取るのとでは、割増賃金の扱いが違ってくるの。振替休日と代休の取り扱いの違いを確認しておきましょう（下表）。

### ■振替休日と代休の相違点

| | 振替休日（事前） | 代休（事後） |
|---|---|---|
| どんなものか | 所定の休日とあらかじめほかの勤務日とを振り替えること。あらかじめ休日と定められた日が「労働日」となり、その代わりとして振り替えられた日が「休日」となる | 休日に労働した場合、その代わりに以後の特定の勤務日または従業員の希望する任意の勤務日に休みを与える<br>休日労働の事実は変わらない |
| 実施する場合の要件 | ❶就業規則等に振替休日の定めが必要<br>❷振替日を事前に特定する<br>❸振替は近接した範囲内とする<br>❹遅くとも前日の勤務時間終了までに予告する | 特になし（ただし、制度とする場合、就業規則等に代休を与える条件、賃金の取り扱いなどを定める） |
| 日にちの指定 | あらかじめ会社が指定 | 会社が指定した日でも、従業員が希望した日でもいい |
| 賃金 | 同一週内で振り替えた場合、出勤日に通常の賃金を支払い、振替休日に賃金を支払う必要はない。休日労働に対する割増賃金は発生しない。<br>週をまたがって振り替えた場合、週法定労働時間を超えたら、時間外労働に対する割増賃金が必要になる | 休日労働の事実は消えないので、休日出勤日には割増賃金を支払う。<br>代休日を有給とするか無給とするかは、就業規則等の規定による |

Part

# 05

# 残業代の計算にはルールがある！

## 何時から何時まで働くと深夜労働になるの？

原則**午後10時から午前5時までの間**に従業員が働いた場合、会社は通常の労働時間の賃金の計算額の**2割5分以上の率**で計算した割増賃金を支払わなければならないの。

あまり気にしていなかったけれど、働く時間帯によっても割増賃金が発生するんですね。

## 割増賃金の支払いと計算方法

「うちの会社に、時間で働くという考え方はなくて、評価は給与に反映しているので、従業員は納得しているから割増賃金はなし」と部長から指示されたけど、従業員が納得していれば残業代は支払わなくてもいいんですか？

会社は、従業員が時間外労働、休日労働、深夜労働をした場合、法令で定める一定の割増率以上の率で算定した割増賃金を支払わないといけないの。従業員が納得しているとか、していないとかいう問題ではないのよ。**割増賃金は法律上当然に発生する**ものだから、あとから未払残業代を請求された場合は支払わないといけないので気をつけてね。36協定も忘れずに！

あとから請求されることもあるんですね。割増賃金って、年俸制でも必要なんですか？

**賃金の支払形態によって割増賃金の支払いが免除される規定はない**の。年俸制の人にも原則は割増賃金の支払いが必要よ。

## 割増賃金の計算方法

従業員が時間外労働、休日労働、深夜労働をした場合の、法令で定める割増率は次ページ下表と次々ページ下表のとおりよ。割増賃金の計算のしかたも見ておこうね。

### 割増賃金の計算方法

**割増賃金額 ＝時間あたりの賃金額 × 時間外労働・休日労働・深夜労働の時間数 × 割増賃金率**

**月給制の場合の1時間あたりの賃金額**

**月の所定賃金額÷1カ月の（平均）所定労働時間数**

年少者（満18歳未満の者）に時間外労働、休日労働、深夜労働させることは原則として禁止されているので注意してね。

そのほか、1カ月60時間を超える法定時間外労働について、割増賃金の代わりに有休の休暇（代替休暇）を付与することで、割増率を5割から2割5分にすることができるの。代替休暇制度導入にあたっては、労使協定を結ぶことが必要よ。

## 割増賃金の基礎となる賃金から除外できるもの

労働と直接的な関係が薄く、個人的な事情に基づいて支給される手当などは割増賃金の算定から除外できるの（左記）。

**割増賃金の計基礎から外せる手当**

❶ **家族手当**　❷ **通勤手当**　❸ **別居手当**
❹ **子女教育手当**

### 法定の割増賃金率

| 労働別 | 割増賃金率 | 働いた時間 |
|---|---|---|
| 時間外労働 | 2割5分以上 | 1日8時間、（週40時間）超えた時間 |
| | 5割以上 | 月60時間を超える時間外労働<br>※中小企業については、2023年4月1日から適用 |
| 休日労働 | 3割5分以上 | 1週1日、4週4日を満たさない法定休日に労働 |
| 深夜労働 | 2割5分以上 | 深夜10時〜早朝5時に働いた時間 |

❺住宅手当（住宅の形態ごとに一律に定額で支給するケースなどは除外できない）
❻臨時に支払われた賃金（結婚手当など）
❼一カ月を超える期間ごとに支払われる賃金（賞与など）

## 未払賃金が請求できる期間が延長した！

これまでは未払い賃金などの賃金請求権の消滅時効期間は2年だったけれど、当分の間は3年で、ゆくゆくは5年まで延長されることが決まっているのよ（次ページ下表）。

さかのぼって請求される期間が延長されたんですね。部長は時間の管理は大体で大丈夫と言ってたけれど、会社を守るためにも、適正な時間管理と賃金計算をしておかなくてはですね。

## ○管理監督者には割増賃金を支払わなくてもいい？

■時間外労働が深夜（22:00 ～ 5:00）と重なった場合の割増賃金率

| | |
|---|---|
| 時間外労働＋深夜労働 | 5割以上（2割5分＋2割5分） |
| 深夜労働＋月60時間を超える時間外労働※ | 7割5分以上（2割5分＋5割） |
| 休日労働＋深夜労働 | 6割以上（3割5分＋2割5分） |
| 休日労働＋時間外労働 | 3割5分以上（※複合しない） |

※中小企業では2023年4月まで月60時間超の法定割増賃金率50％の適用は猶予されています。

管理監督者に該当すると、法律上の労働時間の制限を受けないの。だから残業や休日出勤をしても、残業代や休日出勤手当を支払う必要はないのよ。でも、管理監督者も過重労働による健康障害防止の観点から、深夜業（22時から翌日5時まで）の割増賃金は支払う必要があるの。また、年次有給休暇も一般従業員と同様よ。

深夜労働に対する割増賃金だけなんですね！　管理監督者かどうかの判断基準はどうなっているんですか？

管理監督者にあてはまるかどうかは役職名ではなく、その従業員の職務内容や責任と権限、勤務形態、待遇を踏まえて、実態で判断されるの。

### 管理監督者にあてはまるかどうかのポイント

- **経営者と一体的な立場で仕事をしている。**
- **出社、退社や勤務時間について厳格な制限を受けていない**
- **その地位にふさわしい待遇がなされている**

### 未払賃金請求に関する期間などの延長

| 延長 | 内容 |
| --- | --- |
| 賃金請求権の消滅時効期間の延長 | 賃金請求権の消滅時効期間が3年間に。いずれ5年に延長される |
| 賃金台帳などの記録の保存期間の延長 | 賃金台帳などの記録の保存期間が3年間に。いずれ5年に延長される |
| 付加金の請求期間の延長 | 付加金を請求できる期間が3年間に。いずれ5年に延長される |

# 06 休憩時間で気をつけること

パートの拘束時間が長くなるから、休憩時間はいらないって言われたんですが……。

労働時間が長時間になると、心身に疲れが溜まって能率も悪くなったり、災害が起こりやすくなるから、労働の義務から開放され、疲労回復などに使えるよう設けられたのが休憩時間なの。6時間を超えて働く場合は、休憩時間がいらないというのはアウトね。

## ○ 休憩時間にルールってあるの？

**会社は、労働時間が6時間を超える場合は45分以上、8時間を超える場合は1時間以上の休憩を与えなければいけないのよ。**

うちの会社の所定労働時間は1日8時間で、休憩時間は昼休みの45分。残業がある場合でも同じですが、ダメですよね？

時間外労働をすると労働時間が８時間を超えるから、途中に少なくとも休憩時間を60分は入れないといけないわね（下図）。時間外労働に入る前に、15分以上の休憩を与えれば問題ないわ。

## ○休憩時間に関して気をつけたほうがいいこと

お昼休みに、電話や来客対応をする昼当番が月に２～３回あるんですけど、これはＯＫですか。

休憩時間は従業員が労働から離れることが保障されていなければならないの。だから、待機時間のいわゆる手待時間は休憩に含まれないのよ。昼当番で昼休みが費やされてしまった場合は、会社は別途休憩を与える必要があるわね。休憩時間については３つの大原則があるから覚えておいて（次ページ）。

**法定の休憩時間**

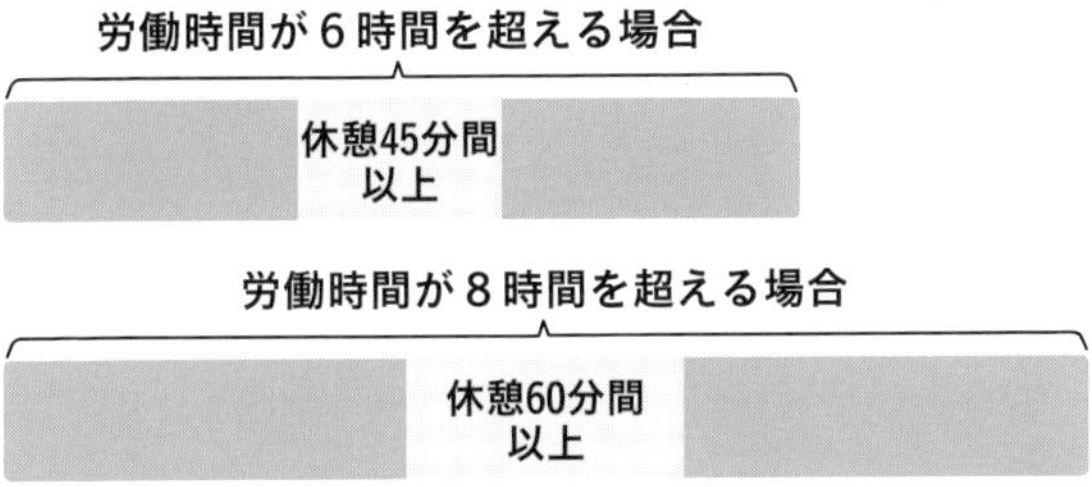

休憩時間の3大原則

❶ **労働時間の途中に与えること**
❷ **一斉に与えること**
❸ **労働者の自由に利用させること**

休憩時間は、従業員に一斉に与える必要があるんですね。

休憩は、左記の特定の業種を除いて全従業員に一斉に与えることが原則だけど、労使協定を締結することで一斉付与は適用除外とすることもできるの。

特定の業種

- **運輸交通業**
- **商業**
- **金融広告業**
- **映画・演劇業**
- **通信業**
- **保健衛生業**
- **接客娯楽業**
- **官公署**

# 第3章

# 年次有給休暇・任意（特別）休暇

今までどのようにされていましたか？
わからなくて…
あるんだけど…
おかしいなぁ
先輩！

安田さんー！
パートの鈴木さんから
有休が欲しいっていわれた
けど うちの会社には
パートに有休はないって
伝えといてくれ
はい 確認して
鈴木さんに説明します！
たぶん
2年以上勤めている
パートの鈴木さんのことだな…
パートでも有休の
取得ができるって
何かで見かけたような？
うーむ…
あと 社員でも忙しい時期に
有休取られたら困るから
有休の取得できる時期の範囲について
繁忙期を避けて
あらかじめ指定しておくように！

わかりました
年間業務スケジュールを確認します！
あれ？ 有休って取得できる時期を
指定していいのかな？
繁忙期を確認して
有休の取得できない時期を
まとめておかないと…
そうそう
管理職は忙しくて
有休を取れないし
休んでもやることないからって
有休を取らない社員もいるから
先に 年次有給休暇が付与される
タイミングで有休の半分を
買い取ってあげてくれ
はい！
有休はお買い上げも
できるのかぁ？
あとで勉強しておこっと
まったく 俺たちの若いころは
正社員でも有休取りたいなんて
言う奴はいなかったのに…
高橋先輩に
聞いてみよう！
うちの会社の
年次有給休暇のルールって
どうなっていたっけ…

コソコソ
先輩！
あの～
会社の有給休暇のルールって
今までどのようにされていましたか？
わからなくて…
パートの
有休とか有休の
お買い上げとか…
パートでも
有休のある人はいるよ
原則　有休のお買い上げはできないよ
昨年　部長から指示されて
調べてから説明した記憶が
あるんだけど…
あー
おかしいなぁ
忘れちゃったのかな～？
カタカタカタ…
以上。

あっ…
あ
もう仕事戻っちゃった！
あ メールきた！
なんだろう？
!!
生理でぐあいが悪いので
休暇をいただきたいのですが
男性には言いづらくて…
ん〜
生理休暇って
うちの会社あったっけ？
休暇について
わからないこと
ばかりだわ
大丈夫！
かなえ先生様〜！
まずは就業規則から
確認してみましょう
会社の本当のルールが
書かれているはずよ
先生様…？
特に美咲さんが疑問を
感じたところ、高橋先輩が
お話しされていたとおり
確認して適切に
対応する必要があるわね
詳しく見ていこう！

Part

# 01

# 有休ってそもそもなに?

## ○「休日」と「休暇」の違いってなに?

今さらですが、「休日」と「休暇」って何が違うんですか?

**休日は、従業員が労働義務を負わない日よ**(第2章04に戻ってね)
**休暇は、従業員が労働する義務がある日に会社が労働義務を免除する日。**そのなかでも、**有休は、賃金の支払いを受けて仕事を休める日ね。**

そっか、休日には、「法定休日」と「所定休日」がありましたね。法律で定められているのが「法定休日」で、会社が就業規則等で定めた法定休日以外の休日が「所定休日」でしたね。

そう、「法定休日」「所定休日」どちらも、原則は従業員が働く義務はないのよ。
一方、**休暇は、会社と従業員との労働契約において、従業員が働く義務のある日に、会社がそ**

**の義務を免除する日**なの。休暇にも、法律上の要件を満たせば必ず付与される休暇と、就業規則等で会社が任意に付与する任意（特別）の休暇があるの（第3章06）。

## ○有休のことをちゃんと理解しておこう

なるほど、休暇にもいろいろあるんですね。有休は社員とパートで違うんですか？

有休には、業種・業態や正社員・パートなどの区分はないの。一定の要件を満たしたすべての従業員が取得できるのよ。請求しなくても法律上当然与えられるものなの。

### 有休が取得できる一定の要件って？

6カ月間継続して勤務している従業員は、全労働日の8割以上を出勤していれば、有休を取得することができるの。ただし、有休は発生の日から2年間で時効になって消滅するわ。

継続勤務については、勤務の実態によって実質的に判断されるの。

例 定年退職者を嘱託社員として再雇用した場合、例 パートから正社員に転換された場合は、継続勤務していると判断するの。

## 有休が取得できる要件

**雇入れの日から6カ月継続勤務＋全労働日の8割以上出勤＝有休の発生**

**有休は年々増えていく！**

勤続年数が増えていくと、8割以上出勤していれば1年ごとに取れる休暇日数は増えていくの（下記）。でも、20日が上限だから気をつけてね。

**アルバイトやパートにも有休はあるの？**

アルバイトやパートでも、次の3つの要件を満たせば、正社員と同等の有休が取れるわよ。

## 正社員と同等の有休が取得できる要件

**❶ 6カ月間の継続勤務**
**❷ 全労働日の8割以上の出勤**
**❸ 週5日以上の勤務／週の所定労働時間30時間以上**

■有休の付与日数（一般の従業員）

| 勤続年数 | 6カ月 | 1年6カ月 | 2年6カ月 | 3年6カ月 | 4年6カ月 | 5年6カ月 | 6年6カ月以上 |
|---|---|---|---|---|---|---|---|
| 付与日数 | 10日 | 11日 | 12日 | 14日 | 16日 | 18日 | 20日 |

また比例付与といって週の所定労働日数が4日以下で週の所定労働時間が30時間未満でも、その所定労働日数に応じた日数の有休がもらえるのよ（下記）。

ちょっと質問！　途中でパートから正社員になって、契約の日数が変わったらどうなるんですか？

年の途中で労働日数の契約が変わったとしても、会社で決められている有休の付与日時点の所定労働日数で計算するから関係ないわね。次の付与日に変わってくるの。

## アルバイトやパートが有休を取得した日に支払われる賃金額

有休を取得した日の賃金は、次のいずれかの方法で計算されるのよ。計算方法は就業規則等に定めておくの。

**■週所定労働日数が４日以下かつ週所定労働時間が30時間未満の従業員の付与日数（比例付与）**

| 週所定労働日数 | 1年間の所定労働日数 | 継続勤務年数（年） | | | | | | |
|---|---|---|---|---|---|---|---|---|
| | | 6カ月 | 1年6カ月 | 2年6カ月 | 3年6カ月 | 4年6カ月 | 5年6カ月 | 6年6カ月 |
| 4日 | 169～216日 | 7日 | 8日 | 9日 | **10日** | **12日** | **13日** | **15日** |
| 3日 | 121～168日 | 5日 | 6日 | 6日 | 8日 | 9日 | **10日** | **11日** |
| 2日 | 73～120日 | 3日 | 4日 | 4日 | 5日 | 6日 | 6日 | 7日 |
| 1日 | 48～72日 | 1日 | 2日 | 2日 | 2日 | 3日 | 3日 | 3日 |

※グレーの部分は、時季指定付与義務の対象従業員（101ページ）。

## 有給取得日の賃金額の計算方法

- 平均賃金（過去3カ月間における1日あたりの賃金）
- 通常の賃金（所定労働時間労働した場合に支払われる通常の賃金）
- 健康保険法による標準報酬日額（労使協定が必要）

アルバイトやパートなど、1日の労働時間や出勤日数が違う場合はどうするんですか？

それ、よく聞かれる！　不満が出ないようにできるだけ公平に支払うことを考えると、アルバイトなどに多い「1日の労働時間が一定でない場合」は平均賃金で計算するほうがいいわね。パートなどに多い「1日の労働時間が一定している場合」は通常の賃金かな。会社で決めてね。

**平均賃金で計算する場合、次の❶と❷を比較して高いほうを採用する（第5章05）**

❶過去3カ月間の賃金の合計　÷　過去3カ月間の暦日数

❷過去3カ月間の賃金の合計　÷　過去3カ月間の労働日数　×0・6

Part 02

# 有休の希望を却下してもいいの？

有休の取得時季については、**従業員には「時季指定権」があるのよ**。従業員が希望した日に、会社は有休を与えなければいけないの。

例外として、**従業員が希望した日に有休を認めることで事業の正常な運営の妨げになるときは、会社は休暇日を変更することができるの**。これを「時季変更権」というのよ。

例 みんなが同じ日に休暇を取ったら大変！ この場合は会社が時季を変更してねって言ってもいいの。でも、事業の正常な運営を妨げるかどうかはものすごく解釈が難しいの。単に「多忙」「代わりの人がいない」というのでは、時季変更権は認められないの。**従業員から希望があったのに有休を与えないのは、法律違反になる**から気をつけて。

今回、パートの鈴木さんの有休申請は、要件を満たしているから希望どおりでOKか。

## 有休は買い取れる？

業務が忙しい従業員の有休を、買い取ってもいいんですか？

労働基準法で、「(有給)休暇を与えなければならない」と規定しているので、金銭を支給しても与えたことにはならないの。有休の目的は、日ごろの業務から離れて休むことなの。だから、**基本的に有休を買いあげることはできない**の。
だけど、例外的に「できる」と解釈されているケースもあるのよ。

### 有休の買取ができるケース

**❶法律を上回る日数の有休**　**❷退職時に残っている有休**　**❸時効になった有休**

※❷と❸は原則として買いあげることはできないが、例外的に、有休の趣旨（目的）に反しない範囲において、違法ではないと解釈されている。

## ○有休を取得することで何か不利になることはある？

会社は、有休を取得した従業員に対して、賃金の減額とか評価に影響するとか、不利益になる扱いをしてはいけないの。例 有休を取得した従業員に対して、精皆勤手当や賞与の減額、欠勤扱いにするといった不利な人事考課などは禁止されているのよ。

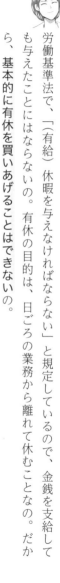

Part 03

# 有休を会社が計画的に割り振る？

会社が有休の取得時季をあらかじめ指定しておくことはできるんですか？

一定の条件のもとに可能よ。「**年次有給休暇の計画的付与**」という制度と、会社の有休の「**年5日の時季指定義務**」（第3章05）とがあるの。

## ○有休を計画的に取得してもらう（計画的付与制度）

年次有給休暇の計画的付与制度とは、**計画的に休暇取得日を割り振ることができる制度**なの。前もって計画的に休暇取得日を割り振るから、従業員としては予定も立てやすいし、ためらいを感じることなくあたりまえに取得できるようになるわ。この制度を導入している会社は、導入していない会社よりも有休の取得率が高くなっているのよ。ただし導入できるのは、次の場合にかぎるの。

### 計画的付与制度を導入できる要件

- 計画的に割り振れるのは、有休のうち5日を除いた残りの日数（繰り越し分を含む）。
- 労使協定を結んで、有休を与える時季に関して決めておく。

### 付与日数のうち5日を除いた残りの日数が計画的付与の対象

病気や個人的な理由で取得できる余裕を取っておくため、従業員が自ら自由に有休を取得できるように、最低5日残すというルールになっている。

例 有休の付与日数が10日の従業員なら5日まで、18日の従業員なら13日までを計画的付与の対象とすることができます。次年度に繰り越された日数がある場合には、繰り越された有休を含めて5日を超える部分を計画的付与の対象とすることができる。

## ○計画的付与の導入方法と活用

年次有給休暇の計画的付与制度を導入するには、就業規則に規定し、労使協定を結んで、有休を与える時季に関する定めをする必要があるの。付与の方法としては、次の３つの方法が考えられるわ。会社の実態に応じて活用してね。

## 計画的付与制度の付与方式

**❶職場全体の休業による一斉付与方式**

全従業員に対して同一の日に有休を付与する方法。具体的な有休の付与日を協定で定める。製造部門など、操業を止めて全従業員を休ませることのできる職場などで活用できる

**❷班・グループ別の交代制付与方式**

班・グループ別に交替で有休を付与する方法。班・グループ別の具体的な有休の付与日を協定に定める。流通・サービス業など、定休日を増やすことが難しい会社、職場で活用されている

**❸有休計画表による個人別付与方式**

有休を付与する日を個人別に決める方法。具体的な有休の付与日を指定する計画表を作成する時期、手続きなどを労使協定に定める。夏季、年末年始、ゴールデンウィークや、誕生日や結婚記念日など、従業員の個人的な記念日を優先的に充てるケースもある

すべての有休日数を指定することはできないんですね。有休の趣旨を大切にして、運用する必要がありそうですね。

# 04 有休は半日単位でも、1時間単位でも取れる？

## ○半日単位の有休って？

有休は1日単位で取るのが原則なんだけど、従業員が希望して会社が同意すれば、労使協定が結ばれていなくても、**半日単位で有休を取ることが可能**なの。就業規則に規定しましょう。

## ○有休を時間単位で取ることが可能なら、1時間でもいいの？

仕事と生活の調和を図る観点から、労使協定を結ぶことで、従業員が時間単位の取得を希望したら、**年に5日を限度として時間単位で有休を取れる**のよ。もちろん1時間でも大丈夫よ。

### 時間単位の有休を付与する場合の注意点

- **分単位など、時間未満の単位は認められない。**
- **時間単位有休は、「有休5日の時季指定義務」の対象とならない（第3章05）。**

Part 05

# 有休は年に5日、確実に取れるようにする！

働き方改革の一環で、有休が10日以上与えられる従業員には、有休を与えた日から1年以内に、**5日の有休を取得させることが義務づけられた**の。

ということは、今までまったく有休を取らない人もいたけれど、通常の正社員は全員が、少なくとも年に5日は有休取得しなくてはいけないということですか？

そうね、有休は原則として、従業員が希望するときにとることができるんだけど、職場への配慮やためらいといった理由から、有休の消化率って低いでしょ。だから、有休の取得促進が課題となっていたの。今回の義務づけによって、有休は取得しやすくなるわね。

## ○ 年5日、年次有給休暇を確実に取れるようになる

年10日以上の有休が与えられない従業員、例 パートさんなどに対しては、会社が時季を指

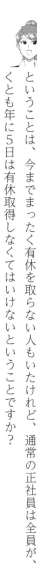

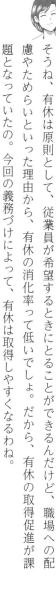

定して取得させる必要はないんですか？

対象従業員は、92、93ページの有休の付与日数表のグレーの部分の従業員が対象になるわ。

### 年次有給休暇5日の時季指定をしなくてはいけない対象従業員

**法定の有休付与日数が10日以上の従業員（管理監督者や有期雇用、パート従業員も含む）**

従業員ごとに、有休を与えた日（基準日）から1年以内に、5日分の取得する時季を指定して有休を取らせないといけないの。ただし、有休を5日以上取得済みの従業員に対しては、会社による時季指定は不要よ。

5日の有休を取ってもらえなかったらどうなるの？

違反した場合には罰則が科されることがある（次ページ下表）ので、会社はしっかり管理しないと大変よ。あ、ひとつ注意点があるの！ **従業員が希望した場合でも、「時間単位有休」は、有休5日の時季指定の対象とはならない**から注意してね。

## 時季指定はどうやってやる？ 会社はどこまで管理すればいいのか

時季指定にあたって、会社は従業員の意見を聞いて、その意見を尊重し、できるかぎり希望に沿った取得時季になるように努めないといけないのよ。そして、従業員ごとに有休管理簿を作成して3年間保存しておく必要があるの。

会社が時季指定をしても、従業員が出勤しちゃった場合はどうなるんですか？

それでは有休を取ったことにならないわ。

そうなると、会社は、従業員ごとに5日の有休取得を完了するところまで、有休管理簿を作成して管理する必要があるってことか。

### 時季指定はどうやってやる？　会社はどこまで管理すればいいのか

| 違反内容 | 罰則内容 | 罰則規定 | 違反条項 |
|---|---|---|---|
| 年５日の有休を取得させなかった | 30万円以下の罰金 | 労働基準法第120条 | 労働基準法第39条第７項 |
| 会社による時季指定をする際、就業規則に記載していなかった | 30万円以下の罰金 | 労働基準法第120条 | 労働基準法第89条 |
| 従業員の希望するときに所定の有休を与えなかった | ６カ月以下の懲役または 30万円以下の罰金 | 労働基準法第119条 | 労働基準法 第39条（第７項を除く） |

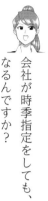

Part

# 06

# そのほかにも休暇ってあるの？

休暇には、法律上の要件を満たせば必ず与えられる休暇と、就業規則等で会社が任意に与える任意（特別）の休暇があるって言ったでしょ。**特別休暇は、就業規則等に定めることで、会社独自に休暇の目的や取得形態を任意で設定できる休暇制度よ。**

## そのほかの法定休暇・特別休暇

- **法定休暇**　介護休暇、子の看護休暇、生理休暇、公民権の行使による休暇

※賃金の支払いの有無は、就業規則等により任意に定められる。

- **会社が就業規則等で定めている特別休暇**　慶弔休暇、リフレッシュ休暇など

※休暇の種類や賃金の支払いの有無は会社が決めて、就業規則等に定めている。

生理休暇は、法律で定められている休暇なんですね。そうすると、従業員が希望したら与えないといけない休暇ということですね。

# 第4章

# 出産・育児・介護

山本さんから出産理由の勤務時間相談
実は…妊娠中で5カ月後ぐらいがはじめての出産なので産前休業にプラスして残っている有休を取得し早めに休みに入りたいのですが
できれば6時間の短時間勤務で職場復帰も希望したくて今後 どのようにしたらいいのか教えてください！
わかりました確認してから改めてご連絡します！
え？ 産前休業？ 短時間で職場復帰？ 確か給付金とかもあったような
佐藤さんから介護理由での勤務時間相談
親の介護で有休だけでは足りなくなってときどき介護休暇をもらっているのですが病院に薬を取りに行くだけだと1時間くらいで済みます
半日単位ではなく時間単位でもらえると助かるんだけど
は はい 確認してみます

田島さんから
育児理由の休業相談
妻がもうすぐ出産なんだ
体調があまりよくなくて
心配だから
少しの間　有休を取ろうかと
思ったんだけど
男性でも育児休業が
できるって何かで見て…
Baby
あれ？
……
えっと…
ひえ　男性の育児休暇？
どうすればいいの？
その…
田代さんから
介護理由での退職相談
親の介護で有休を取りながら
何とか仕事と
両立してきたのですが
有休もなくなり
先の見えない介護との両立は
できないから退職したくて
あれ…
だいじょうぶですか？
は、はいぃ〜…
介護で退職…
介護離職
部長！

あのっ
出産を予定している従業員が
育児休業してから
職場復帰したいそうです
別の人で男性からも
その…
育児休業の申し出が…
さらに…
おいおい
ちょっと待ってくれよ
うちの会社で育児休業なんて…
暗黙の共通理解があるでしょ
はーっ
男性の育児休業?
うちの会社で
男性が育児休業なんて
したヤツはいないぞ
なんと…
こういう初歩的なことは
高橋に聞いてくれ
じゃ
よろしく

ならば
高橋先輩へ…
とぼ
とぼ
出産はおめでたいことだから
安心して休んで戻ってきてほしい
どうしよう…
でも…
聞くしか…ない…
うわぁ…
先輩 あの～…
部長との会話 少し聞こえていたよ
以前は 結婚や妊娠を機に
会社の雰囲気からか
自分から退職される流れが
慣習になっていたけど
最近は 育児休業する
女性従業員も出てきたところ
男性は今までに
一人もいないけど…

なるほど 先輩
ありがとうございます
それでは
どうしたらいいでしょうか
ほかにも いろいろ教えて
ほしいことがあります
ぐっ
カタカタカタカタカタカタカタカタ…
サッ
これは…
あとは自分でやってねのパターンだ！

落ち着いて！
育児や介護についての
最低限の決まりごとは
育児・介護休業法に
定められていて
会社が拒否できないこともあるの
バーン
会社にも規程が
あるはずよ
近年は法改正も数回あったから
気をつけて！
おお！
会社側の理解も必要そうね!!
頑固!!
はは…
詳しく見ていこう！

# 01

# 従業員が妊娠した！　さてどうする？

## ○従業員の妊娠中・産前・産後はいつもよりしっかり健康管理する

従業員の妊娠中や出産後は、普段より一層健康に気をつけないとダメよ。**「妊産婦健診のための時間の確保」「妊娠中または出産後の症状などに対応するための措置」**が男女雇用機会均等法によって会社に義務づけられているからね。

会社の就業規則に記載されていなくても利用できますか？

就業規則等に記載されていなくても大丈夫よ。妊娠中の職場生活のことについては、正社員やアルバイト、パートに関係なく誰でも会社に申し出てもらうようにしておくことが大切ね。

**妊娠初期や妊娠中は、母体とお腹の赤ちゃんの健康第一！**

自身やお腹の中の赤ちゃんの健康のため、健康診査などを受けてもらってね。健康診査などを受けるための時間が必要なときは、会社に申請すれば大丈夫。有給か無給かは会社の規定を確認してみて。

ただし、医師または助産師が下表と異なる指示をした場合は、その指示にしたがって健康診査などを受けるようにね。

医師や助産師から受けた指導の内容を、会社にきちんと伝えられるように、主治医に「**母性健康管理指導事項連絡カード**」を記入してもらうと効果的よ。母健連絡カードは様式が決まっていて、厚生労働省のサイトからダウンロードすることができるので活用してみてね。

ちなみに、妊産婦とは、妊娠中の女性だけではなく、産後1年を経過しない女性も含むのよ。ほかにも、**母性保護措置**に関して決められていることを見ておいてね（次ページ下表）。

## 産前はもちろん、産後もちゃんと守ってくれる制度や法律

働きながら安心して妊娠・出産を迎えられるために、出産前や出産後に活用できる休業などの制度や法律の紹介をしとくわね（次々ページ下表）。

もし出産予定日が延びて、産前休業期間の6週間を超えてしまったらどうな

### 妊娠中の健康診査の回数

| | |
|---|---|
| 妊娠23週まで | 4週間に1回 |
| 妊娠24週から35週まで | 2週間に1回 |
| 妊娠36週から出産まで | 1週間に1回 |

るんですか？

**予定日から出産当日までの期間は産前休業に含まれる**から安心して。出産が遅れて産前休業が延びたとしても、産後休業の8週間は確保されるわ。産前・産後休業の期間とその後30日間は解雇も禁止されているの。

経済的な理由などから、産後休業をできるだけ早く切りあげて職場復帰したい場合は希望できるんですか？

**産後休業の8週間のうち、産後6週間は強制的な休業なので就業することはできない**の。産後6週間を経過したら、従業員本人が就業を希望して、医師が支障ないと認めた業務なら復帰できるわ。ちなみに、産前休業の6週間は強制的な休業ではないため、あくまでも従業員が希望した場合に休ませてあげることになるわね。

## 母性保護措置に関して決められていること

| | |
|---|---|
| **妊産婦の時間外、休日労働、深夜業の制限、変形労働時間制の適用制限** | 妊産婦が希望すれば、時間外労働、休日労働または深夜業をする必要はありません。<br>変形労働時間制でも、1日、1週間の法定労働時間を超えて労働しないことを希望できる |
| **妊婦の軽易業務転換** | 妊娠中は、担当業務が負担となるなら、ほかの軽易な業務への転換を希望できる |
| **妊産婦などの危険有害業務の就業制限** | 妊産婦は、その妊娠、出産、哺育などに有害な業務への就業が制限され、これらの業務のうち、女性の妊娠、出産機能に有害な業務については、妊産婦以外の女性についても就業が禁止されている |

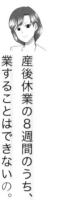

## ○ 出産費用って大きいですよね

出産は費用もかかるし、産前産後や育児休業期間中は収入がなくなるので経済的な不安もありますよね。経済的な支援ってあるんですか？

要件はあるけど、**「出産育児一時金」「出産手当金」「育児休業給付金」**などを受給できるし、**手続きをすれば社会保険料も免除になる**の。産後までの経済的支援をまとめておくね（119ページ下表）。育児中の支援は第4章02を参照してね。

部長が育児関連でお休みしている間の社会保険料の負担を心配していたけれど、手続きをすれば、本人負担分、会社負担分ともに免除されるなら安心ですね。

### ■出産前と出産後の休業に関する制度や法律

| | |
|---|---|
| **出産前と出産後の休業** | 産前休業 出産予定日の6週間前（双子以上の場合は14週間前）から、希望すれば取得できる。出産当日は産前休業に含まれる |
| | 産後休業 出産日の翌日から8週間は、就業することができない。ただし産後6週間すれば、本人が希望し、医師が支障ないと認めれば業務に就くことができる |
| **育児時間** | 生後1年に達しない子を育てる女性は、1日2回少なくとも30分間ずつの育児時間を希望できる |
| **母性健康管理措置** | 出産後1年以内の女性は、医師または助産師から指示があったときは、健康診査などに必要な時間の確保を申し出ることができる |

# 02 育児に専念してから仕事に戻りたい！

## 最長で子どもが2歳になるまでお休みできる

従業員は、申し出ることにより、原則として子が1歳に達する日（1歳の誕生日の前日）までの間、育児休業をすることができるの。一定の範囲の有期雇用従業員も対象になるから安心ね。さらに、**保育園に入所できないなどの事情があれば、子が1歳6カ月または2歳に達するまでの間、育児休業を延長することもできる**のよ。

申請の際は、ちょっと注意が必要よ。休業開始予定日から希望どおり休業するには、原則 その1カ月前までに、会社に申請する必要があるの。特別な事情がないのに従業員の申し出が遅れた場合、会社は申出日の翌日から数えて1カ月の間で、休業開始日の指定をすればいいの。

## 男性も育児休業を取れるの？

育児休業といえば女性のイメージが強いですが、男性でも取得できるんですか？

もちろん男性も対象になるわよ！　育児休業が取れるのは、原則として1歳に満たない子を養育する従業員よ。男性も女性も関係ないの。

### 育児休業の対象とならない従業員

- **日々雇用される従業員**
- **入社1年未満の有期契約労働者**
- **子が1歳6カ月に達する日までに、労働契約（更新される場合には、更新後の契約）の期間が満了することが明らかな有期契約労働者**
- **労使協定の締結で「適用除外」とした次の従業員**
  - 入社1年未満の従業員
  - 申し出の日から1年以内（延長する場合は6カ月以内）に雇用期間が終了することが明らかな従業員
  - 1週間の所定労働日数が2日以下の従業員

## ○育児休業は何回でも取れる？

原則1人の子につき1回、子が出生した日（男性は出産予定日から取得可能）から子が1歳に達する日（誕生日の前日）までの間で、従業員が申し出た期間取れるのよ。

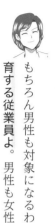

## ○パパもママも育児休業に入ったら収入はどうなるの？

1歳（パパ・ママ育休プラスの場合は1歳2カ月。さらに保育所に入れないなどの事情があれば1歳6カ月または2歳）未満の子を養育するために育児休業を取得したなど一定の要件（左記）を満たした従業員を対象に、原則 **休業開始後6カ月間は賃金月額の67%、休業開始から6カ月経過後は50%の育児休業給付金が支給される**の。育児休業給付は非課税だから安心ね。

育児休業給付金の受給資格

❶ **雇用保険に加入した期間が、育児休業を開始した日より前の2年間に、賃金が支払われる基礎となった日が11日以上ある月が通算12カ月以上ある**

❷ **契約社員など期間の定めがある働き方をしている有期雇用従業員の場合は❶に加え、これまでの雇用期間が1年以上あり、子どもが1歳6カ月に達する日までに労働契約が満了しないこと**（※2歳まで再延長する場合は、1歳6カ月後の休業開始時において2歳までの間に労働契約が満了しないこと）

契約期間が1年ごとに更新される場合でも「更新の予定」があれば、育児休業給付金を申請することができるのよ。支給額については次のとおりね。

### 育児休業給付金の支給額

**育児休業給付金の支給額＝賃金月額（休業開始時賃金日額×支給日数）×67％（休業開始から6カ月経過後は50％）**

※会社から賃金が支払われた場合、賃金と支給額の合算額が賃金月額の80％未満となるように支給額が減額される。

※休業開始時賃金日額は、育児休業開始前（産前産後休業を取得した従業員はその開始前）の6カ月間（賃金支払い基礎日数11日以上の月にかぎる）の賃金（賞与などを除く）を180で割った額。

手続きについては、会社が**「雇用保険被保険者休業開始時賃金月額証明書」**および**「育児休業給付受給資格確認票・（初回）育児休業給付金支給申請書」**をハローワークに提出すればいいの。詳しくはハローワークで確認してね。

### 産前・産後休業中の経済的支援

| 名称 | 内容 | 問いあわせ先 |
|---|---|---|
| **出産育児一時金** | 被保険者や家族（被扶養者）が、妊娠4カ月（85日）以上で出産（流産、死産も含む）したとき、1児につき42万円（産科医療補償制度加算対象出産でない場合は40万4,000円）が出産育児一時金として、支給される | 協会けんぽ、健康保険組合、市区町村など |
| **出産手当金** | 健康保険の被保険者が出産すると、一定の要件を満たすことで、産前・産後休業の期間中、健康保険から1日につき、原則として賃金の3分の2相当額が支給される。ただし休業している間も会社から給与が支払われ、出産手当金よりも多い額が支給されている場合は、出産手当金は支給されない | 協会けんぽ、健康保険組合など |
| **社会保険料免除** | 産前・産後休業中と3歳未満の子を養育するための育児休業中の健康保険・厚生年金保険の保険料は、会社から年金事務所または健康保険組合に申し出をすることで、本人負担分、会社負担分ともに免除される。社会保険料の免除を受けても、健康保険の給付は通常どおり受けられる。また、免除された期間分も将来受け取る年金額に反映される | 年金事務所、健康保険組合、厚生年金基金など |

# 03 親の介護と仕事の両立はできるのか？

介護休業制度は、従業員が要介護状態（負傷、疾病または身体上もしくは精神上の障害により、２週間以上の期間にわたり常時介護を必要とする状態）にある対象家族を介護するための制度なの。

申請の際は、ちょっと注意が必要よ。希望どおりの日から休業するには、原則 休業開始予定日の２週間前までに、会社に申請する必要があるの。従業員の申し出が遅れた場合、会社は休業開始予定日の指定が可能よ。

介護の対象となる家族の範囲

- 配偶者（事実婚を含む）
- 父母
- 子
- 配偶者の父母
- 祖父母
- 兄弟姉妹
- 孫

「要介護状態」とは、介護保険の「要介護認定」のことですか？

これはよく聞かれる質問ね！　答えは違うの。**介護休業給付の「要介護状態」は、介護保険の「要介護認定」とはまったく別の基準で判断されるの**。介護保険制度の要介護状態区分において要介護2以上か、状態が一定の条件に該当すると認められるかで決まるわ。常時介護を必要とする状態に関する判断基準は厚生労働省のＨＰに掲載されている「常時介護を必要とする状態に関する判断基準」で確認できるわよ。

介護休業は、自分が介護をするためにだけではなく、仕事と介護を両立できる体制を整えるためにも活用することが大切なの。ひとりで抱え込まずに、介護サービスや育児・介護休業法の両立支援制度を組みあわせたりして、うまく仕事と介護を続けていけるようにしたいわね。

## 介護休暇の活用例

- **地域包括支援センター、ケアマネジャーなどへの相談**
- **介護サービスの手配**
- **家族で介護の分担を決定**
- **地域サービスや民間事業者、ボランティアなどの利用できるサービスを確認**

なるほど、介護離職の申し出があった田代さんと、両立支援制度を活用して介護しながら仕事を続けられないか、もう一度話しあう必要がありそうですね。私も勉強して、田代さんがより

よい選択をできるようにしなくちゃ。

## 介護休業の対象となる従業員って誰？

介護休業の対象となる従業員は、申出時点において、一定の要件を満たすパートやアルバイト、期間を定めて雇用されている有期契約労働者も対象になるの。

### 介護休業の対象とならない従業員

- **日々雇用される従業員**
- **入社1年未満の有期契約労働者**
- **取得予定日から起算して、93日を経過する日から6カ月を経過する日までに契約期間が満了し、更新されないことが明らかな有期契約労働者**
- **労使協定の締結により「適用除外」とした次の従業員**
  - 入社1年未満の従業員
  - 申し出の日から93日以内に雇用期間が終了する従業員
  - 1週間の所定労働日数が2日以下の従業員

## 介護って何年も続きますが、いつまで休めるの？

対象家族1人につき3回まで、通算93日までと決まっているの。3回に分けて取ってもいいし、連続で取ってもいいの（次ページ下図）。３回までだから、そこは気をつけないとね。

## 介護で休業に入ったら収入はどうなるの？

介護休業給付金は、雇用保険の被保険者で一定の要件（左記）を満たした従業員を対象に、職場復帰を前提として介護休業を取得した場合、原則 賃金月額の67％が支給されるの。

**介護休業給付金の受給資格**

❶雇用保険の被保険者期間（加入期間）が、介護休業を開始した日より前の２年間に、賃金が支払われる基礎となった日が11日以上ある月が通算12カ月以上ある

❷契約社員など期間の定めがある働き方をしている有期雇用従業員の場合は❶に加え、これまでの雇用期間が１年以上あり、介護休業を開始する日から93日を経過する日から６カ月（93日＋６カ月＝約９カ月）を経過する日までに労働契約が満了しないこと

契約期間が1年ごとに更新される場合でも「更新の予定」があれば、介護休業給付金を申請することができるのよ。支給額については次のとおりね。

## 介護休業給付金の支給額

**介護休業給付金の支給額＝賃金月額（休業開始時賃金日額×支給日数）×67％**

※会社から賃金が支払われた場合、賃金と支給額の合算額が賃金月額の80％未満となるように支給額が減額される。

※休業開始時賃金日額は、育児休業給付（第4章02）と同様。

手続きについては、会社が「雇用保険被保険者休業開始時賃金月額証明書（介護）」および「介護休業給付金支給申請書」を介護休業終了日（介護休業が3カ月を超える場合は、3カ月を経過した日）の翌日から2カ月を経過する日の属する月の末日までにハローワークに提出することで、介護休業給付金を受給することができるわ。詳しくはハローワークで確認しましょう。

## 介護休業給付の流れ

**介護休業開始**
↓
**介護休業終了**
↓
**受給資格確認**
↓
**支給申請**
（会社が手続きする場合は同時に申請する）
↓
**支給決定**

### ■介護休業の取得例

3回に分けて取得

| 介護休業制度❶（30日） | 介護休業制度❷（30日） | 介護休業制度❸（33日） |
|---|---|---|

93日連続で取得

| **介護休業制度❶（93日）** |
|---|

Part

# 04

# 育児や介護でフル勤務が難しい……

## ○3歳未満の子を育児をする人は短時間の勤務でもOK！

**会社は短時間勤務制度（1日原則として6時間）を設けなければならない**ことになっているの。幼児を育てながら働き続けるために、3歳に満たない子を養育する従業員は、この制度を受けることができるわ。

すると、山本さんからの職場復帰後の6時間短時間勤務の希望は拒否できないということですね。適切な回答ができるように対象者についてもしっかり勉強します。

**育児短時間勤務制度の対象者（次のいずれにも該当する者）**

- **3歳に満たない子を養育する男女従業員**
- **1日の労働時間が6時間以下でないこと**
- **日々雇用される者ではないこと**

■ **労使協定で適用除外とされた従業員（左記）ではないこと**

■入社1年未満の従業員

■1週間の所定労働日数が2日以下の従業員

■業務の性質または業務の実施体制から、短時間勤務が難しい業務の従業員

※短時間勤務が難しい業務の従業員については、次のいずれかの措置を取る。

■フレックスタイム制度

■始業・終業時刻の繰り上げ、繰り下げ（時差出勤の制度）

■職場内保育施設の設置運営そのほかこれに準ずる措置

1日の所定労働時間が8時間の場合だったら、まず6時間とする制度を設けて、そのうえで、

例 7時間とか5時間を選択できるような制度を設けてもいいのよ。

## ○介護をする人も短時間の勤務でOK！

要介護状態（負傷、疾病または身体上もしくは精神上の障害により、2週間以上の期間にわた

り常時介護を必要とする状態）にある対象家族を介護する従業員（左記）のために、会社は次のうち、いずれかひとつ以上の制度を設けなくてはいけないのよ。対象家族1人につき、利用開始から3年の間で2回以上利用できるの（※を除く）。

### 対象家族を介護する従業員のための制度

- 短時間勤務制度（所定労働時間が8時間の場合は2時間以上、7時間以上の場合は1時間以上の短縮が望ましい）
- フレックスタイム制度
- 始業・終業時刻の繰り上げ、繰り下げ（時差出勤の制度）
- 労働者が利用する介護サービスの費用の助成そのほかこれに準ずる制度※

### 介護短時間勤務制度の対象者（次のいずれにも該当する者）

- 対象家族を介護する男女の従業員
- 日々雇用される者でないこと
- 労使協定で適用除外とされた従業員ではないこと
  - 入社1年未満の従業員
  - 1週間の所定労働日数が2日以下の従業員

## ○小学校入学前の子育て世代が活用できる制度

3歳未満または小学校入学前の子どもを育てている従業員は請求により、残業時間を一定の範囲内に制限できるというルールもあるのよ。

### 小学校入学前の子育て世代のための時間外労働の制限

**❶所定外労働の制限：3歳未満の子を育てる従業員が請求した場合、所定外労働はＮＧ**

**❷時間外労働の制限：小学校入学までの子を育てる従業員が請求した場合、事業の正常な運営を妨げる場合を除き、1カ月について24時間、1年について150時間を超える時間外労働をさせてはいけない**

**❸深夜業の制限：小学校入学までの子を育てる従業員が請求した場合、事業の正常な運営を妨げる場合を除き、午後10時から午前5時までの間において労働させてはならない**

ほかにも、子の看護休暇や介護休暇も活用できるわ！　有休とは別に、病気やケガをした子の世話または子に予防接種、健康診断を受けさせるために、1年に子が1人なら5日まで、子が2人以上なら10日まで休暇を取得できるの。また、介護のために休暇が必要な対象家族1人につき5日、2人以上なら10日まで取得できるのよ。時間単位で取得できるからうまく活用できるといいわね。有給か無給かは法律で決められていないため、会社の就業規則等で定めましょう。

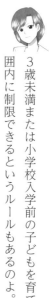

# 第5章

# 給与（賃金）

会社も契約がなくなったのだから従業員の給与も引かれるのはしかたないのかな…
という訳でひと息ついている高橋先輩を捕まえてきました
出勤であれば部長の指示どおり繰り越して支払うときもあるよ
まずは端数出勤分の
俺はモンスターか
あとは過去の給与明細を見て

安田さん
月末に入社したパートの内藤さんの給与だけど締め日までに3日しか出勤していないから次の給与支払いのときにまとめてしまって
はい 数日分は次に繰り越すようにします!
内藤さんは未経験者だから最初の必須研修期間は時給1000円だったな経験者のスタート時給1200円と間違えないように
はい!
2、3日なら次に繰り越しても大丈夫なのか?
私も学生のときに1000円でバイトしたことあったけど

あと 正社員の中村さんだけど 家庭の事情で1週間休んだんだ
ほかの日に 休んだ日の分の業務をがんばって 進めて残業していたが… 1週間も休んだんだから 割増賃金分はなしだな
すみません!!
すみません!!
わかりました 気をつけて計算します
ん?
高橋先輩から教えてもらった 残業代計算のルールと 違うけど大丈夫かな?
あと そうそう 先月は取引先との契約が 突然なくなってね
製造部門の社員に数日間 休んでもらったが 働いていない日の分は 給与から控除しておいてくれ
はい 休んでもらった 日数を確認します!
会社から指示された 急な休みであっても 給料ってその日数分 引かれてしまうんだ?

ガーン
契約なし
自社
会社も契約がなくなったのだから従業員の給与も引かれるのはしかたないのかな…
?
よしっ!
まずは 端数出勤分の給与の繰り越しの件から髙橋先輩に確認してみよう
……
という訳でひと息ついている髙橋先輩を捕まえてきました
俺はモンスターか何かか…
うちの会社では 3日ぐらいの出勤であれば 部長の指示どおり繰り越して支払うときもあるよ
あー
それじゃ
あとは過去の給与明細を見て自分で確認してくれよ
わかりました…

過去の給与明細から読み取るって結構時間かかりそうだな
地道にやるしかないか…
残業ですねわかります…
ちょっと待って！
STOP〜！
法律による決まりや会社のルールである就業規則から給与の決まりごとを確認しながら進めていきましょう
そっかまずは原則のルールから確認したほうが適切に進められそうね
なるほど…
会社のルール（就業規則）できちんと定められていることでも運用の段階で勘違いして誤った対応をしてしまっていることもあるから
カクニン♪
詳しく見ていこう！

# 01 給与の支払い方にはルールがある！

給与には、支払い方についての決まりがあるの。給与が全額確実に従業員に渡るように、法律で次の原則が定められているの。このルールにしたがって、より具体的なことは会社の就業規則等に記載されているはずよ。

そういえば、**「給与規程」**というのが就業規則一式の中にあった！　確認してみます。

給与のことは、就業規則本則の中に書かれているケースや、別規程として、給与規程や賃金規程などとして定められているケースが多いわね。第1章07で紹介した、**労働条件が定められている労働条件通知書や雇用契約書も確認**しておいてね。

## ○ 給与の支払い方についての決まりは5つ！

労働基準法で決められている5つの原則は次ページ下記のとおりよ。

## ❶通貨で支払わないといけない

給与は現金で支払わなければならないの。価格が不明瞭な現物支給はダメなの。ただし、労働協約で定めれば通貨ではなく現物支給もできるから注意してね。

うちの会社は銀行振込で支払っていますが、大丈夫ですか？

大丈夫だけど、従業員の同意が必要よ。また退職手当は額が高額になることもあるから、従業員の同意を条件に銀行振出小切手、銀行支払保証小切手、郵便為替で支払ってもいいの。

## ❷全額支払わなきゃダメ

給与は全額残らず支払われなければならないの。「積立金」などの名目で強制的に給与の一部を控除（天引き）して支払うことは禁止されているわ。

### 給与支払いの5原則

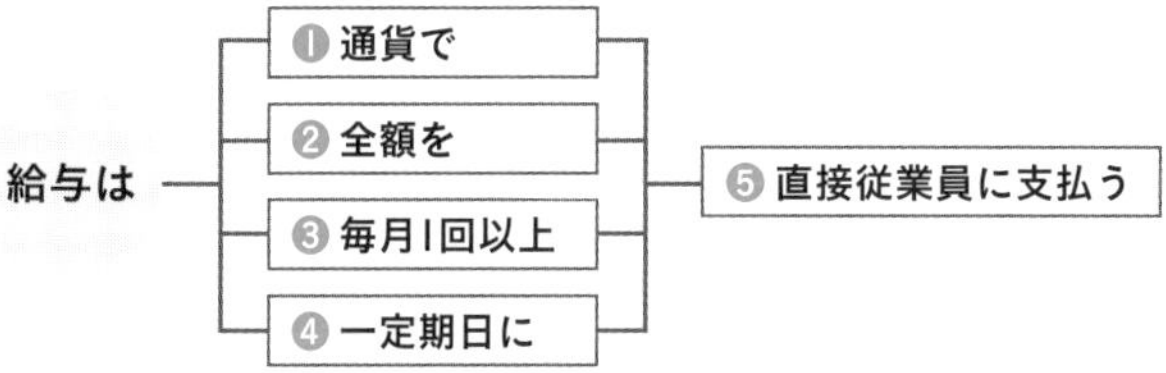
給与は
❶通貨で
❷全額を
❸毎月1回以上
❹一定期日に
❺直接従業員に支払う

毎月、所得税や社会保険料が引かれているけれど、それはどうなんですか？

**所得税や住民税、社会保険料の本人負担分控除など、法令に別段の定めがある場合の控除は認められている**から大丈夫よ。

あと、社員旅行の積立金のために、社内預金という名目で給与から引かれている分があります。これは大丈夫ですか？

労使によって**「賃金控除に関する協定」**が結ばれていれば大丈夫。例 社内預金（社員旅行の積立金など）、食事代、購買代金、組合費、親睦会費などね。

あと、全額払の原則は相殺禁止の趣旨も含まれているので気をつけて。例 **会社が従業員に対して損害賠償請求権があったとしても、それを給与と相殺することはできない**の。実際に損害が発生していれば、給与を支払ったうえで、従業員に民事的に損害賠償の請求することはできるわ。

## ❸毎月1回以上、❹定期的に支払わないといけない

パートの内藤さん、先月は2、3日しか働いていないから、今月働いた分と一緒にまとめて支

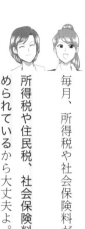

払いたいのですが、これはどうですか？

不安を感じないように**毎月1回以上、一定の期日を定めて支払わなければならない**の。「今月の支払分は来月に2カ月分まとめて」ということは認められないわ。さらに、支払日を「毎月20日～25日の間」「毎月第3金曜日」みたいに、変動するのもダメね。

給与規程どおりの締日と支払日で給料を支払うように、部長と先輩にもう一度話してみなくっちゃ。その前に新たな疑問が。賞与は毎月一定期日の支払いではないですよね？

賞与（ボーナス）や臨時に支払われる給与（退職金など）は例外ね。また、毎月1回以上一定の期日を定めて支払わなくていい給与として、次の3種があるわ。

**毎月1回以上一定の期日を定めて支払わなくていい給与**

**❶1カ月を超える期間の出勤成績によって支給される精勤手当**
**❷1カ月を超える一定期間の継続勤務に対して支給される勤続手当**
**❸1カ月を超える期間にわたって算定される奨励加給または能率手当**

## ❺ 直接渡さないといけない

給与は従業員本人に支払わないといけないの。未成年者だからといって、親、代理人などに代わりに支払うこともできないのよ。第三者による給与の中間搾取を排除し、労務の提供をした従業員本人の手に給与の全額を渡すためね。

### 給与支払い5原則の例外　まとめ

■ **通貨払いの原則の例外**
⇓法令もしくは労働協約に別段の定めがある場合
⇓厚生労働省令で定める確実な支払い方法の場合

■ **全額払いの原則の例外**
⇓法令に別段の定めがある場合（所得税・社会保険料の控除など）
⇓労使の自主的協定がある場合（社内預金・親睦会費の控除など）

■ **毎月払いおよび一定期日払いの例外**
⇓退職金のような臨時に支払われる給与
⇓賞与そのほか厚生労働省令に定める給与

Part

# 02 時給は最低賃金を下回ってはいけない

## ○ところで、最低賃金ってなに？

会社が支払わなければならない給与の最低限度額って、決められているの。たとえ**従業員が同意しても、それより低い給与での契約は認められない**から注意して。最低賃金より低い給与で契約したとしても、法律によって無効となり、最低賃金額で契約したものとみなされるのよ。

部長から、未経験で研修期間という理由で、内藤さんの時給は１０００円にしとおくように指示がありました。パートの内藤さんの時給は、うちの会社がある東京の最低賃金以上になるということですね。

そうね、内藤さんの場合は、東京の最低賃金が適用されるわね。最低賃金には、次の2種類があるの。

## 最低賃金には2種類ある

**①地域別最低賃金　常時・パート・アルバイトなどの雇用形態や呼称にかかわらず、各都道府県で働くすべての従業員とその会社に適用される。**

**②特定最低賃金　特定地域内の特定産業の基幹的従業員とその会社に対して適用される。**

※18歳未満または65歳以上の人、雇入れ後一定期間未満で技能習得中の人、そのほか当該産業に特有の軽易な業務に従事する人などは適用されない。

もし、知らないうちに違反してしまっていたらどうなるんですか？

会社が従業員に最低賃金未満の給与しか支払っていなければ、会社は従業員に対してその差額を支払わないといけないわ。また、そういった会社には罰則が適用されるのよ。

地域別最低賃金額を守らない場合は50万円以下の罰金（最低賃金法の罰則）、特定（産業別）最低賃金額を支払わない場合には、30万円以下の罰金（労働基準法の罰則）が定められているの。

それは大変。ところで、派遣労働者は派遣元と派遣先どちらの都道府県の最低賃金になるんで

すか？

派遣労働者には、派遣元の職場の所在地にかかわらず、**派遣先の最低賃金が適用されるの**。

## 最低賃金は毎年変わる！

**地域別最低賃金は、毎年7月末ごろ金額の目安が発表されて10月に働いた分から有効になるの**。産業別最低賃金は毎年10月〜2月の間に改定されるけど、改定されない年もあるの。会社には最低賃金の周知義務もあるから、その時期に厚生労働省のHPで確認してね。

はい！　最低賃金には、基本給だけでな

### 最低賃金の対象とならない給与

❶臨時に支払われる給与（結婚手当など）

❷1カ月を超える期間ごとに支払われる給与（賞与など）

❸所定労働時間を超える時間の労働に対して支払われる給与（時間外割増賃金など）

❹所定労働日以外の労働に対して支払われる給与（休日割増賃金など）

❺午後10時から午前5時までの間の労働に対して支払われる給与のうち、通常の労働時間の給与の計算額を超える部分（深夜割増賃金など）

❻精皆勤手当、通勤手当および家族手当

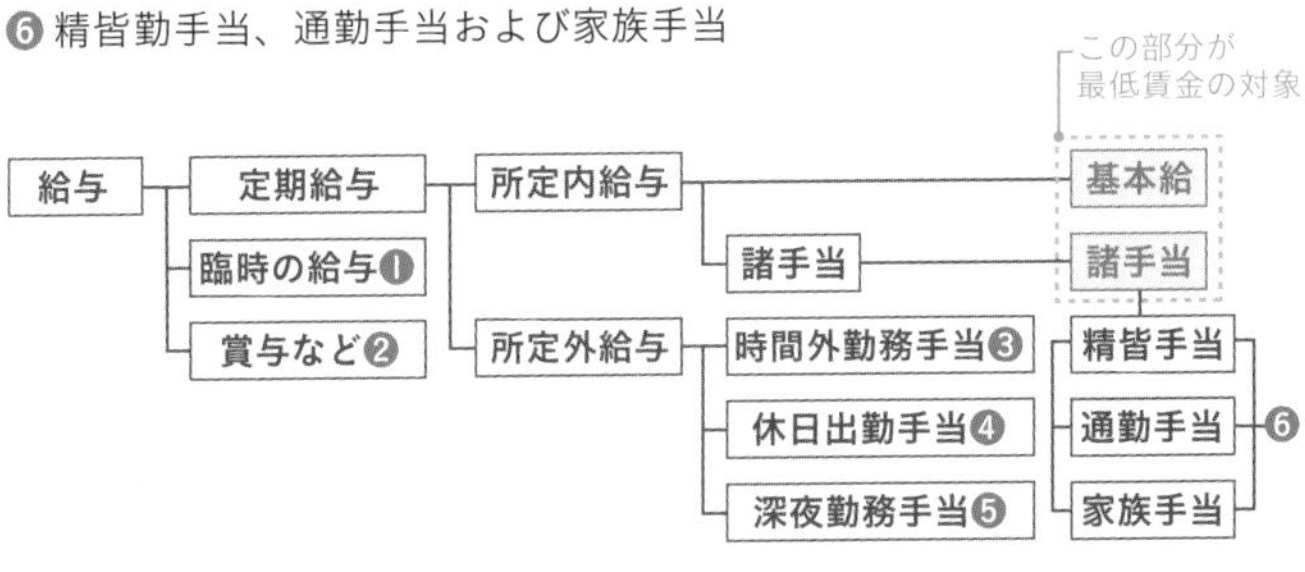

この部分が最低賃金の対象
給与
定期給与
臨時の給与❶
賞与など❷
所定内給与
所定外給与
基本給
諸手当
諸手当
時間外勤務手当❸
休日出勤手当❹
深夜勤務手当❺
精皆勤手当
通勤手当
家族手当
❻

く手当も含まれるんですか？

**最低賃金の対象となるのは、毎月支払われる基本的な給与だけよ。**最低賃金を計算する場合、実際に支払われる給与から前ページの給与を除外したものが対象になるから気をつけて。

ちゃんと計算チェックできるか不安です。

迷ったときには、最寄りの都道府県労働局または労働基準監督署で確認すると安心ね。

## 最低賃金の計算方法

| | |
|---|---|
| **❶時間給** | 時間給 ≧ 最低賃金額（時間額） |
| **❷日給** | 日給 ÷ 1日の所定労働時間 ≧ 最低賃金額（時間額）<br>※日額が定められている特定（産業別）最低賃金が適用される場合には、日給 ≧ 最低賃金額（日額） |
| **❸月給** | 月給 ÷ 1カ月平均所定労働時間 ≧ 最低賃金額（時間額） |
| **❹出来高払制そのほかの請負制によって定められた給与** | 出来高払制そのほかの請負制で計算された給与の総額を、給与算定期間に労働した総労働時間数で割った金額 ≧ 最低賃金（時間額） |
| **上記❶～❹の組みあわせの場合** | 例 基本給が日給制で、各手当（職務手当など）が月給制のときは、上の❷、❸の式でそれぞれ時間額に換算し、それを合計したものと最低賃金額（時間額）と比較する |

Part

# 03 欠勤した日のお給料はどう計算するの？

## 従業員の都合でお休みした日もお給料は発生するの？

体調不良や寝坊、家族に関する急用など、従業員の都合で欠勤や遅刻・早退をした場合、お給料はどなるんですか？　高橋先輩に言われて、今までの給与明細を少し確認したところ、欠勤、遅刻・早退控除欄というのがありました。

原則は、従業員側の都合で働いていなければ、**ノーワーク・ノーペイの原則**が適用されるから、その時間分については給与からカットしてもいいの。

### ノーワーク・ノーペイの原則

**従業員が働いていない時間については、従業員の賃金請求権は発生せず、会社は給与を支払う義務がないという考え方。**

従業員が1時間遅刻をした場合、この1時間分については給与が発生しないの。欠勤や早退、就業時間中の私用外出についても同様よ。従業員が1日欠勤したから1日分の給料をカットするのは違法ではないの。働いていないのだから従業員に給与の請求権はないのよ。

有休や会社都合で休んだときはどうなるんですか？

例外ね！　有休は、ノーワークであっても、第4章で説明したとおり、法律で給与が保障される制度だったわよね。会社側の都合で従業員を休ませた場合は、休業手当など給与を保障しなければならないの。詳しくは第5章05で説明するわね。

あと、いわゆる完全月給制は、欠勤や遅刻・早退などをしても給与が減額されない制度だから、この場合もノーワーク・ノーペイの原則の例外になるわね。こういった合意がないような場合は、ノーワーク・ノーペイの原則が適用されるのよ。

中村さんが家庭の事情で1週間休んでいるので、欠勤控除の計算をしないと！　働いていない時間分を控除するといっても、どうやって計算すればいいんですか？

会社の就業規則（給与規程）に、欠勤や遅刻をした場合にどう計算するか記載されていること

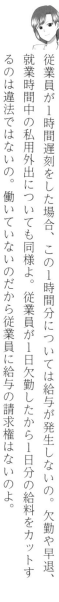

が多いから、まずは確認してみてね。

## ○ 勤務態度が悪い従業員の給料は減らしてやる！

吉岡さん、勤務態度が悪くて遅刻を繰り返しているので、遅刻分の給与カットに加えて、減給もしようという話が出ています。

遅刻をした時間分の給与をカットするのは、ノーワーク・ノーペイの原則で特段問題はないけど、給与からそれ以上差し引く場合は「**減給の制裁**」になるわね。就業規則に減給の制裁を定める場合には、1回の事案による制裁は平均賃金の2分の1まで、また、1給与支払期について数事案発生してもその合計額がその1給与支払期に支払われる給与総額（月給なら月給の金額）の10分の1までという制限があるので気をつけて。計算方法は、第5章05の平均賃金の計算方法を確認してね。

### 減給の定めの制限

**減給の制裁とは、従業員が、無断欠勤や遅刻を繰り返したりして職場の秩序を乱したり、職場の備品を勝手に私用で持ち出したりするといった規律違反をしたことを理由に、制裁**

**として給与の一部を減額すること。ただし減給額に制限があるので、減給の制裁をする場合、あらかじめ就業規則で定めておくことが必要。**

**1回の額** **平均賃金の1日分の2分の1まで**

**総額** **1給与支払期の給与総額の10分の1まで**

過去の給与明細を見ることで、会社のいろいろなルールが把握できた気がします。法律や就業規則とあわせて読み解くことで、適切な運用ができているかどうかも確認できるんですね。これを機に、今までの運用を見直すいい機会にしたいです。それにしても、給与明細って奥が深いですね。

ちなみに、所得税法において、会社は従業員に給与明細書を交付する義務があり、給与を支払う際に交付しなければいけないことになっているの。

Part

# 04

# 売上た分だけ支払う出来高払いってどう？

営業社員の給与を出来高払制へ移行することを検討しています。もし、売上がまったくない月があったら、給与は支払わなくていいんですか？

出来高払制とはいっても、**「労働時間に応じて一定額の給与を保障」**しなくてはダメなの。これは、従業員がちゃんと勤務したにもかかわらず、客不足や原料不足など、従業員のせいではないことを理由に給与が著しく低下するのを防止するためなの。

過去の給与明細を確認したら、トップ営業社員とそれ以外の営業社員の給与で、倍以上の差がついているケースがありました。

労働時間に応じて一定額の給与を保障がされているうえで出来高払い制を採用することは、成果を出せば出した分だけ給与に反映されるから、従業員のモチベーションが向上するというメリットはあるわよ。

## ○「完全歩合制」って、最低賃金違反にならない？

それなら、求人募集のときに「完全歩合制って」見かけたことがあったけれど、最低賃金違反にはならないんですか？

**出来高払制は、仕事の成果に応じて給与の額を決定する制度で、成果に応じて決定される給与を歩合給と呼ぶこともあるわね。**出来高払制の給与でも、第5章02で説明した、最低賃金法によって都道府県ごとに定められた地域別最低賃金（産業別最低賃金が定められている場合は、産業別最低賃金）を下回ることはできないから注意してね。

### 保障給がまったくない「完全出来高払制」の禁止

**安定した収入を確保し、出来高払制の従業員の生活を安定させるために、保障給がまったくない「完全出来高払制」は禁止されている。**

保障給って、どれくらいの金額が妥当なんですか？

法律では保障給の額について規定はないけど、通達では、「通常の従業員の実収賃金をあまり

下回らない程度の収入が保障されるべき」とされているの。具体的には、**休業手当と同様の平均賃金の6割程度が妥当**ね。また保障給は、労働時間1時間につきいくらと定める時間給が原則なの。保障給の内容については、就業規則や雇用契約書などで明確にする必要があるわよ。

なんだか、歩合給の保障給について理解していない会社って多そう。もし営業成績の悪い従業員の給与の保障がされていなかったらどうなるんですか？

出来高払制の従業員について、労働時間に応じて一定額の給与を保障しない会社は、30万円以下の罰金に処せられる可能性があるわ。もっとも、従業員が勤務しなかった場合には、保障給を支払う必要はないわよ。

## ◎ 歩合給にも残業代（割増賃金）は発生するの？

歩合給は時間に対して支払われるものではないから、残業代の対象にはならないような気もするんだけど。歩合給も残業代の対象になるのかな？

**歩合給などの出来高払制を採用する場合でも、時間外労働をさせたときは割増給与を支払う必**

要があるの。歩合給は割増賃金の算定の際に除外される除外賃金（第2章05）にも該当しないわ。

出来高払制の割増賃金の計算方法ってどんなふうにやるんですか？

支払うべき割増賃金の計算にあたっては、基本給・保障給部分と歩合給部分を分けて計算してね。計算式は次のとおりよ。

## 出来高払制の割増賃金の計算

**当該期間中の出来高給与総額 ÷ 当該期間中の総労働時間数 × 0・25**※

※法定休日に働いた場合は0・35

計算方法も基本給などの固定給と違うんですね。これは知らないと間違えちゃう。気をつけて計算しないと！

Part

# 05 平均賃金と休業手当の濃密な関係

## ○平均賃金って、一体何の平均なの？

平均賃金は、労働基準法などで定められている手当や補償、減給制裁の制限額などを算定するときの基準になるものなの。

給与の相場という意味ではないんですね！

あはは。具体的には、平均賃金の計算はこんなときに使われるわ。

### 平均賃金で算定されるケース

❶ **従業員を解雇する場合の予告に代わる解雇予告手当**⬇平均賃金の30日分以上
❷ **会社の都合により休業させる場合に支払う休業手当**⬇1日につき平均賃金の6割以上
❸ **有休を取得した日について平均賃金で支払う場合の給与**

❹**従業員が業務上負傷したり疾病にかかったり、または死亡した場合の災害補償など**
❺**減給制裁の制限額**⬇1回の額は平均賃金の半額まで。何回も制裁する場合は支払賃金総額の1割まで
❻**じん肺管理区分により地方労働局長が作業転換の勧奨または指示をする際の転換手当**
⬇平均賃金の30日分または60日分

## ○会社の都合で本来の出勤日に休業させた場合も平均賃金が絡む！

部長から、取引先との契約がなくなってしまったので従業員を休ませた日数分は給与から引くようにいわれました。これって「平均賃金の算定」の❷に該当しますよね？

そうね、第5章03で説明したように、「働いていないから給料を支払わないのはしかたない」のではなく、**休みが会社の都合である以上、一定程度の給料を保障するために休業手当を支払う必要がある**のよ。

休業手当（労働基準法第26条）

**会社の責任で従業員を休業させた場合、従業員の最低限の生活の保障を図るため、会社は**

**平均賃金の6割以上の休業手当を支払わなければならない**

**会社の責任による休業 ⬇ 1日あたりの休業手当 ＝ 平均賃金 × 60分の100を従業員に対して支払い義務あり**

取引先からの契約の解除も、会社の責任で従業員を休ませた場合に含まれるんですか？

**会社の責任による休業とは、一般的には「会社都合」で休ませる場合**をいうの。会社の故意や過失だけでなく、資材が集まらなかったために作業ができなかったり、機械の故障で休業せざるを得なかった場合など、経営や管理によるものまで含むの。

地震や災害といった天災事変のような不可抗力の場合には、どんなに会社が努力しても回避できないことだから、休業手当の支払い義務は生じないとされているわ。

## ◯ 具体的な「平均賃金の計算方法」を見てみよう！

平均賃金の計算は、従業員の生活を保障するためのものだから、通常の生活に必要な給与額をありのままに算定することを基本として、次ページのようにされるの。

## 平均賃金の計算方法❶ 原則

**平均賃金(1円未満切捨)＝ 3カ月間の給与総額 ÷ 3カ月間の歴日数**

平均賃金を算定しなくてはいけないことが発生した日(休業手当の場合は休業日)以前３カ月間に、その従業員に対して支払われた給与の総額を、その期間の総日数で割った金額。

CHECK

- 給与締切日がある場合は、その起算日は直前の給与締切日
- 銭未満の端数が生じた場合、切り捨てていい
- 給与の総額から除外されるもの
  - ・臨時に支払われた給与（結婚手当、私傷病手当、加療見舞金、退職金など）
  - ・3カ月を超える期間ごとに支払われる給与
  - ・実物給与で、法令または労働協約による定めに基づいて支払われる以外のもの
- 雇入れ後３カ月に満たない場合は、雇い入れ後の期間とその期間中の給与で計算する
- 算定期間から控除する期間および給与の総額
  - ・業務上の負傷や疾病の療養のための休業期間・産前産後の休業期間
  - ・使用者の責任による休業期間（一部休業の場合を含む）
  - ・育児休業期間・介護休業期間・試みの使用期間

**例 給与締切日が毎月20日のケース**

・平均賃金を算定しなくてはいけないことが発生した日（休業日）：9月10日
・8月分（7/21～8/20）の給与：基本給20万円、通勤手当1万円
・7月分（6/21～7/20）の給与：基本給20万円、通勤手当1万円、残業手当2万円
・6月分（5/21～6/20）の給与：基本給20万円、通勤手当1万円、残業手当1万円

平均賃金

**＝(21万円+23万円+22万円)÷(31日+30日+31日)≒ 7173円91銭 = 7173円**

## 平均賃金の計算方法❷ 最低補償

**平均賃金(1円未満切捨)＝ 3カ月間の給与の総額÷３カ月間の労働日数×0.6**

給与の一部または全部が、日給制、時間給制または出来高給制の場合、平均賃金を算定しなくてはいけないことが発生した日以前３カ月間に、その従業員に対して支払われた給与の総額を、その期間の労働日数で割った金額の60%が最低保障金額。

CHECK

- 平均賃金の原則で計算した金額を最低保障金額が上回る場合、最低保障金額が平均賃金となる
- 給与が［月給制・週休制の給与①］と、［日給制・時間給制・請負給制の給与②］が併給されている場合（基本給、諸手当は月給で，割増賃金が時間給の場合など）の最低保障額は①と②を足した額になる
- 日雇労働者は、稼動状態にむらがあり、日によって勤務先が違うことが多いので、一般常用労働者の場合と区別して別の計算方法が定められている

# 第6章

# 労災・ハラスメント・健康診断・安全配慮義務

はい
はいはい
そうなんですね
……
それは大変ですね
まずは医者の指示に
したがってください
お大事に
山田さんから連絡が
あって 通勤途中に階段で
滑ってケガをしたから
病院へ行ってから
会社に向かうって
通勤災害になると
思うから
対応宜しく
病院へ行くほどの
ケガですか！
心配ですね
労災か
はじめての対応だわ
まずは本人に
状況を確認しよう！
その前に
勤務開始時の
メールだけ先に
チェックしよ
あれ？
営業部の山本さんから
相談のメールが来ている
To.総務様
上司のパワハラが続いて
精神的につらくて精神科を受診しました。
パワハラが影響して仕事がなかなか進まないのと、
仕事の量自体も多く、
月に100時間を越える残業もあり、
ストレスが溜まって、もう限界です。
医師と相談して休職も考えています。
こ これは！

パワハラ そして 精神科の受診は 業務災害になる？

山本さんの ストレスチェックって どうなっていたっけ 休職って何？ 休業や欠勤と何が違うのかな
これはちょっと大変ね 美咲さんが 人で 対応するのは 難しいから
すぐに 部長と 髙橋先輩に 報告しましょう！

わかりました！

部長〜！ 先輩〜〜！

こんなメールが！

これはまずいな…

髙橋 杉田課長 呼んでこい－！

はい！

詳しく見ていこう！

Part

# 01 仕事が原因で病気になった!

高橋先輩から、山田さんの通勤災害の対応をするように言われていて、山本さんからも、仕事が原因で精神科を受診したって相談を受けました!

落ち着いて対応しましょう。従業員が労働災害で負傷したら、労災保険給付の対象になるの。労災給付の種類や労働災害と認められるかどうかの判断基準を見ていくわよ。

アルバイトの山田さんも対象になりますか?

**労災保険における従業員は「職業の種類を問わず事業に使用される者で、給与を支払われる者」**だから大丈夫よ。従業員であれば、アルバイトなど雇用形態に関係なく対象になるわ。

## ○労災保険の給付は7種類ある

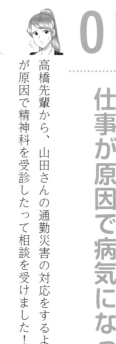

労災保険は、従業員の業務上のまたは通勤によるケガや病気に対して必要な保険給付を行い、あわせて被災従業員の社会復帰を促進する制度なの。給付は全部で7種類よ（下図）。

## どういう状況だったら業務災害、通勤災害になるの？

何を基準に労災（業務災害通勤災害）かどうかって判断されるんですか？

まず、**業務災害は、業務上の負傷、疾病または死亡のこと**をいうの。業務上と認められるためには**業務起因性**が認められなければならず、その前提条件として**業務遂行性**が認められる必要があるわ。❶業務上の負傷、❷業務上の疾病、そして❸通勤災害が認められるための基準は次ページ表のとおりよ。

### 労災保険給付の種類

**療養（補償）給付**
受診する場合、無料で治療が受けられる

**休業（補償）給付**
仕事に行けない場合は、休業4日目より、平均賃金の8割が支給される

**傷病（補償）給付**
傷病が治ゆせず1年6カ月が経過して障害が残った場合、年金か一時金が支給される

**労災保険は、業務上や通勤によるケガや病気などに対して必要な保険給付を行う**

**障害（補償）給付**
障害が残った場合、年金か一時金が支給される

**遺族（補償）給付**
亡くなった場合、遺族に年金か一時金が支給される

**葬祭料（葬祭給付）**
死亡した従業員の葬祭費用が支給される

**介護（補償）給付**
介護を受けている場合、その費用が支給される

社内で作業している時間はもちろん、外回りや出張も仕事中に含まれるの。負傷の場合は原因がはっきりしているから判断しやすいけれど、疾病の場合は発症に時間がかかったり、持病など業務外の病気との関係もあったりで、判断が難しくなるわね。

下表の通勤の際の合理的な経路って？

通勤のために通常利用する経路のことよ。**複数の経路があっても大丈夫。渋滞回避のための迂回経路など、やむを得ず使う経路も対象**となるわ。

帰宅途中にちょっと回り道して買い物して帰った場合でも大丈夫ですか？

**通勤途中で逸脱（通勤経路から離れる行為）、中**

## 業務災害と認められる基準

| | |
|---|---|
| ❶業務上の負傷とは | 業務起因性　業務が原因で、業務と傷病の間に一定の因果関係がある<br>業務遂行性　従業員が労働関係（仕事中）に起きた災害である |
| ❷業務上の疾病とは | 医学上療養を要する、業務と疾病の間に一定の因果関係があると認められる疾病が生じたら労災保険給付の対象となる。<br>次の3要件が満たされれば、原則、業務上疾病と認められる。<br>A 労働の場における有害物質や身体への過度の負担などの有害要素がある<br>B 有害要素が健康障害を起こすのに足りる程度と期間、形態であった<br>C 発症の経過および病態が有害要素の性質、条件などからみて医学的に妥当なもので、業務と疾病の間に一定の因果関係がある |
| ❸通勤災害とは | 自宅と会社との間を合理的な経路および方法で往復する（通勤遂行性がある）途中で事故にあった（通勤起因性がある）場合に認められる |

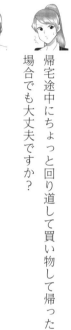

**断（通勤経路にはいるが、通勤と関係のないことをする行為）をしたら、そこから補償を受けられない**から気をつけて。ただし、日常生活上の必要な行為で、やむを得ない事由による最小限度のものであれば、通勤経路に復帰後は通勤災害の対象になるのよ。

通勤途中に食料品や日用品を買った場合はどうですか？

そういった些細な行為については、**「通勤の付随事項」**だから逸脱・中断にはあたらないから安心してね。

## ○ 労災は「健康保険証」が使えない！

労災で病院を受診するときは、普通に健康保険証を提示すればいいんですか？

**労働災害の場合は、健康保険証は使えない**の。労災保険が使える病院**（労災指定病院）**はかぎられていて、そこで治療を受けるかどう

### ■労災で医療機関を受診する場合の流れ

**医療機関を受診する**

- **労災指定病院** → **療養の給付を受け、無料で治療を受けられる**（医療機関が治療費を監督署へ直接請求）
- **労災指定外病院** → **いったん治療費を全額支払い、後日、療養の費用の支給による還付を受ける**

かで、手続きの流れが変わるから注意してね（下図）。

労災指定病院を受診しないと、労災保険の給付手続きとか大変そうですね。労災の保険給付の手続きと給付の内容について、もう少し知っておきたいです。

それなら、手続き頻度の多い労災給付を中心に下表に取りあげておくわね。

## ○労災ではない病気やケガの保障は？

業務と関係のない病気やケガをして、働けないくらい症状が重くなった場合の補償ってあるんですか？

■労災保険の給付手続き

| | |
|---|---|
| 療養補償給付 | 労災指定病院を受診した場合 「療養補償給付たる療養の給付請求書」（様式５号）を病院に提出する。請求書は病院を経由して労働基準監督署長に提出される。療養費を支払う必要はない |
| | 労災指定病院ではない場合 いったん療養費を立て替えて支払う。その後「療養補償給付たる療養の費用請求書」（様式7号）に病院の領収書を添えて、直接、労働基準監督署長に提出すると、その費用が支払われる |
| 休業補償給付 | 労働災害により休業した場合 ４日目から休業補償給付が支給される。労災事故の発生が就業時間中であればその日が、就業時間後（残業時間も含む）であれば翌日が、休業の初日として計算される。「休業補償給付支給請求書」（様式8号）を労働基準監督署長に提出する |
| その他の保険給付 | ほかにも次のような保険給付がある。それぞれ、労働基準監督署長に請求書などを提出する。<br>・障害補償給付　・遺族補償給付　・葬祭料<br>・傷病補償年金および介護補償給付 |

第1章05で説明した、健康保険に加入している従業員については、病気やケガで4日以上会社を休んで、十分な給与が支払われないときは、協会けんぽであれば傷病手当金が最長で1年6カ月支給されることになっているわ。金額は給料の約3分の2が目安ね。健康保険組合に加入している会社だと、上乗せ給付があるケースもあるのよ。

個人的な病気やケガでも、給付金をもらえるんですね。

そう、ほかにも健康保険に加入している被保険者や被扶養者が対象になる保険給付もあるから（下表）、加入している健康保険に確認してみてね。

## 健康保険の保険給付の種類

| | |
|---|---|
| 病気やケガをしたとき | 療養の給付・入院時食事療養費・入院時生活療養費・保険外併用療養費・訪問看護療養費・移送費・療養費・高額療養費・高額介護合算療養費・傷病手当金など |
| 出産したとき | 出産育児一時金・出産手当金など |
| 死亡したとき | 埋葬料（費）など |

# 02

# パワハラ対策って何をすればいいの？

山本さんから、上司によるパワハラの相談がありました。

**職場のパワーハラスメントは、職場における、次の❶から❸までの3つの要素をすべて満たすもの**をいうの。ただし、客観的に見て、業務上必要な範囲で行われる適正な業務指示や指導については、職場におけるパワハラには該当しないから判断が難しいわね。

職場のパワーハラスメントとなる3要素

**❶ 優越的な関係を背景とした言動**

**❷ 業務上必要以上の範囲を超えたもの**

**❸ 従業員の就業環境が害されるもの**

## ○ 何をしたらパワハラになるんですか？

❶の「優越的な関係を背景とした言動」って、具体的にはどんな言動のことですか？

職場の上司による言動や同僚や部下による、次のような状況での言動ということ。

**優越的な関係を背景とした言動**

- **業務上必要な知識や豊富な経験があり、その人の協力を得なければ円滑に仕事ができない状況**
- **集団でやる仕事で、ひとりで抜けたり、抵抗や拒絶することが困難な状況**

抵抗や拒絶ができない関係の背景があっての言動ということですね。

そう。通常のオフィスや職場だけではなく、出張先や移動中の車内、実質的な業務の延長である飲み会なども該当するから気をつけて。

❷の「業務上必要以上の範囲を超えたもの」って、具体的にはどんなことですか？

主に次の6つの要素を総合的に判断するのよ。

**業務上必要な一定の範囲を超えたものの6つの判断要素**

❶ **言動の目的**
❷ **言動が行われた経緯や状況**
❸ **業種・業態、業務の内容や性質**
❹ **言動の様子、頻度、継続性**
❺ **従業員の属性や心身の状況**
❻ **苦になる行動や発言をする人との関係**

なるほど。一般的に考えて、業務上必要性が明らかにない言動や態度かどうかということですね。

従業員の行動が問題となるような場合は、その内容や程度と、それに対する指導の過程などの相対的な関係性が重要な要素となるの。職場におけるパワハラの状況は多様だけど、❸の「従業員の就業環境が害されるもの」についても、代表的な言動の6類型とパワハラの例が、厚生労働省の指針で示されているから次ページの表を参考にして。

## ○ パワハラって防げるものなの？

パワハラが起きないように、会社としてできることってなんですか？

## 代表的な言動の6類型とパワハラに該当する・しないと考えられる例

| 代表的な言動の類型 | 該当すると考えられる例 | 該当しないと考えられる例 |
|---|---|---|
| ❶身体的な攻撃<br>・暴行・傷害 | ・殴打、足蹴り<br>・相手に物を投げつける | ・誤ってぶつかる |
| ❷精神的な攻撃<br>・脅迫<br>・名誉棄損<br>・侮辱<br>・ひどい暴言 | ・人格を否定するような言動（相手の性的指向・性自認に関する侮辱的な言動を含む）<br>・業務に関する必要以上の長時間にわたる厳しい叱責を繰り返す<br>・ほかの従業員の面前で、大声で威圧的な叱責を繰り返す<br>・相手の能力を否定し、罵倒するような内容の電子メールなどを、本人を含む複数の従業員宛てに送信する | ・遅刻など社会的ルールを欠いた言動が見られ、再三注意してもそれが改善されない従業員に対して強く注意をする<br>・その会社の業務の内容や性質に照らして重大な問題行動をとった従業員に対して強く注意をする |
| ❸人間関係からの切り離し<br>・隔離<br>・仲間外し<br>・無視 | ・特定の従業員を仕事から外し、長時間別室に隔離する<br>・１人の従業員に対し、同僚が集団で無視をし、職場で孤立させる | ・新規に採用した従業員を育成するために、短期間集中的に別室で研修などの教育を実施する<br>・懲戒規定に基づき処分した従業員に対し、通常業務に復帰させる前に、一時的に別室で研修を受けさせる |
| ❹過大な要求<br>・業務上明らかに不要なことや遂行不可能なことの強制<br>・仕事の妨害 | ・長期間にわたる、肉体的苦痛を伴う過酷な環境下での勤務に直接関係のない作業を命ずる<br>・新入社員に必要な教育をせず、達成できないレベルの業績目標を課し、達成できなかったことに対し、厳しく叱責する<br>・業務とは関係のない私用な雑用の処理を強制的に行わせる | ・従業員を育成するために現状よりも少し高いレベルの業務を任せる<br>・業務の繁忙期に、業務上の必要性から、当該業務の担当者に通常時よりも多い業務の処理を任せる |
| ❺過小な要求<br>・業務上の合理性なく能力や経験と掛け離れた程度の低い仕事を命じる<br>・仕事を与えない | ・管理職である従業員を退職させるため、誰でも遂行可能な業務を行わせる<br>・気に入らない従業員に対する嫌がらせのために仕事を与えない | ・従業員の能力に応じて、業務内容や業務量を軽減する |
| ❻個の侵害<br>・私的なことに過度に立ち入る | ・従業員を職場外でも継続的に監視したり、私物の写真を撮影したりする<br>・従業員の機微な個人情報について、本人の了解を得ずにほかの従業員に暴露する | ・従業員への配慮を目的として、従業員の家族の状況についてヒアリングする<br>・従業員の了解を得て、機微な個人情報について、必要な範囲で人事労務部門の担当者に伝達し、配慮を促す |

**職場のパワーハラスメント防止のための対策が会社の義務になったの！** 中小企業は、令和4年3月31日までの間は、努力義務ね。

それって具体的に何をすればいいんですか？

職場のパワハラを防止するために、下記の雇用管理上の措置を必ずしないといけないの。❶❷❸❾❿は、従業員への周知と啓発も必要よ。

## ○そのほかのハラスメント対策の強化

職場におけるセクシュアルハラスメントや妊娠、出産、育児休業などに関するハラスメントについても、防止対策が強化されているわ。

### ■雇用管理上の措置（10項目）

| |
|---|
| ❶会社の方針の明確化 |
| ❷就業規則等の規定を整備 |
| ❸相談窓口をあらかじめ設置 |
| ❹相談窓口担当者による、内容や状況に応じた適切な対応を取る体制の整備 |
| ❺事実関係を迅速かつ正確に確認 |
| ❻被害者に対する配慮のための措置 |
| ❼苦になる行動や発言をする人に対する措置 |
| ❽再発防止に向けた措置 |
| ❾相談者や苦になる行動や発言をする人のプライバシー保護に必要な措置 |
| ❿会社に相談したこと、事実関係の確認に協力したことなどを理由として、解雇や不利益な取り扱いをされない旨の規定の整備 |

### セクシュアルハラスメントとは

職場において従業員の意に反する性的な言動があり、「それを拒否したことで従業員が解雇、降格、減給などの労働条件の不利益を受ける」ことや、「職場環境が不快なものとなったため、従業員が働くうえで見過ごすことができない支障が生じる」こと

### 妊娠、出産、育児休業などに関するハラスメントとは

職場において上司・同僚からの言動(妊娠・出産、育児休業などの利用に関する言動)で、妊娠、出産した従業員や、育児休業などを申請・取得した従業員の働く環境が害されること

あとね、法律が改正されたから次のことも注意しておいて。❷についてはセクハラのみね。

### セクハラとマタハラの主な改正事項

❶会社に相談などをした従業員に対する不利益取り扱いの禁止

❷雇用する従業員が他社の従業員にセクハラをして、他社が実施する雇用管理上の措置への協力を求められた場合、会社はこれに応じるように努める

❸セクハラなどの調停制度の出頭・意見聴取の対象者が、職場の同僚まで拡大

# 03 体調不良の長期休みは休業？ 休職？

メールで相談してくれた山本さん、精神科を受診したんですけど、すぐに働くのが難しいらしいです。どうしたらいいですか？

原因や状況確認をしてから、休業か休職を検討する必要があるわね。

## ○「休職」と「休業」とでは大きく違う

休職と休業の意味は次のとおりよ。

### 休業と休職の違い

**休職** 従業員の事情によって働くことができない場合に、会社がその従業員に対し雇用契約を維持したまま、一定期間働くことを免除すること、または禁止すること。

**休業** 従業員が雇用契約にしたがって労働できる状態で、労働の意思があるにも関わらず、

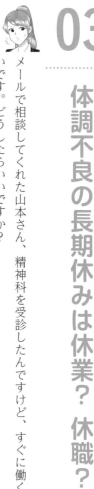

**その実現が拒否され、または不可能となった場合。**

休業には、会社側の都合によるものと、従業員側の都合によるものがあるの。

会社都合は、第5章05の休業手当を支払わないといけないケースですよね。従業員側の都合って、具体的にはどんなときがあるんですか？

代表的なものとしては、通勤中や仕事中の病気やケガ、育児・介護休業、産前産後休業などね。従業員が自分の必要に応じて休みを取るケースよ。一定の要件を満たせば、労災保険、雇用保険、健康保険から、手当金や給付金を受けることもできるわ。詳しくは第4章と第6章01を参考にしてね。

## 休職期間が終了したとき復職できなければ解雇される？

従業員が休職するときのルールってありますか？

休職の内容に関する法律の定めは特にないわ。会社は、休職に関する定めをする場合、雇用契

約の際に、従業員に休職に関する事項を明示する必要があるの。会社に休職の制度がある場合は、就業規則や労働協約などで定められているから確認してみて。

そういえば、会社の就業規則に休職とか復職って記載されていた気がします！

休職期間は、病気やケガによる場合は、勤続年数や病気・ケガの種類によって区分が設定されていることもあるわね。
また期間だけではなく、復職の基準や復職できなかった場合は自然退職か解雇なのかも、就業規則に規定されているわよ。

休職期間中の給与は支払うんですか？　休職期間中に有休って取れるんですか？

**休職期間中の給与は支払わなくていい**けど、トラブル防止のためにも就業規則に明記しておいたほうがいいわね。有休については、休職期間中は働く義務が免除されているので取得はできないの。有休は働く義務を免除する制度だからね。有休を取ってから休職するという選択肢もあるわ。

# Part 04 増加するメンタル不調への対策は？

メンタルヘルスって簡単にいうと、どういうことですか？

**精神面における健康のこと**よ！　メンタルヘルス対策や過重労働対策は、従業員の健康を確保するうえで最も重要な課題で、会社の社会的責任でもあるわ。活力ある職場づくりへの第一歩になるの！

山本さんのメールから、精神的にとても辛いことが読み取れました。メンタルヘルスってとても大事なことなんですね。今後、同じことが起きないようにしなくっちゃ。

## ○職場でメンタルヘルス対策をすればなんとかなるの？

**職場のメンタルヘルスとは、従業員の心の健康づくりをすること**ね。会社は、過労で従業員が倒れたり、自殺したりしないように、度を越えた労働ノルマを防いで、適切なメンタルヘルス

ケアをする責任があるの。

会社がどんなメンタルヘルス対策をしているのか、部長や高橋先輩に確認してみます！

**精神障害の発病や自殺に対して、業務上の災害として労災請求**が認められたり、**会社の安全配慮義務違反として損害賠償**を請求されたりする事例が増えているのよ。

そうなんですか。会社が原因で従業員の健康が損なわれたり、争ったりするのはイヤです！

早期に発見して適切なケアができれば、自殺を予防できる可能性もあるわね。

大変なことが起きる前に、山本さんから相談してもらってよかったのかも。総務部で最善の対応ができるように話しあったり、会社全体でも職場のメンタルヘルスに積極的に取り組む必要がありそうですね。

従業員の精神状態が崩れて仕事のパフォーマンスが低下したり、職場の人間関係が悪いと職場内のハラスメント・対立・いじめといった問題が発生してしまうこともあるのよ。

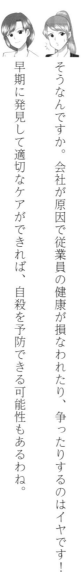

まずは、職場のメンタルヘルスについて基本的なことを理解して、実際に取り組むときにも参考になるような資料があったら教えてください。

厚生労働省が出している「**従業員の心の健康の保持増進のための指針**」がいいわね。また、現代社会のさまざまなストレスによって心の病にかかる人が増えていることから、メンタルヘルスをより深く理解したい人向けに情報サイトが設けられているのよ（次ページ下記）。

## ところで「ストレスチェック」ってなに？

山本さんのことで相談したときに、去年はストレスチェックを実施したって、高橋先輩に聞きました。ストレスチェックってなんですか？

ストレスチェックは、ストレスに関する質問票に従業員が記入し、それを集計・分析することで、**自分のストレスがどんな状態にあるのかを調べる簡単な検査**のことよ。従業員が常時50人以上いる職場では、毎年1回、この検査を実施することが義務づけられているの。従業員50人未満の職場は、ストレスチェックの実施は努力義務よ。

えーと、それは何のためにやるんですか？

**従業員が自分のストレスの状態を知って、ストレスを溜めすぎないよう対処するのが目的ね。**

ストレスが高い状態であれば医師の面接を受けて助言をもらったり、そこから上司に相談して業務量の軽減などの措置を実施したり、職場の改善につなげることで、うつなどのメンタルヘルス不調を未然に防止することを目的としているの。

いつまでに何をするとかありますか？

**1年に1回、従業員に対してストレスチェックを実施するの。**

ストレスチェックの実施義務の対象は、「常時50人以上の従業員がいる職場」ってことでしたが、アルバイトやパートも含めてですか？

■「こころの耳」働く人のメンタルヘルス・ポータルサイト

働く人のこころの健康のためのサイト。働く人、その家族、または会社の従業員向けに「どこに相談すればいいのか」「どのように取り組めばいいのか」「どのような支援があるのか」といった情報をわかりやすく提供している。

https://kokoro.mhlw.go.jp/

週1回しか出勤しないようなアルバイトやパートであっても、継続して常に雇用しているのであれば、常時50人のカウントに含まれるわよ。だけど、契約期間が1年未満の従業員や、労働時間が通常の従業員の所定労働時間の4分の3未満のパートなどの従業員は義務の対象外よ。あとね、常時使用している従業員が50人未満の小規模事業所に対する支援もあるわよ。

### 中小企業の強い味方、地域産業保健センター

**地域産業保健センターは、小規模事業所のストレスチェックや面接指導の実施の際に活用できる。産業保健総合支援センターの地域窓口（地域産業保健センター）では、小規模事業所に対する相談支援などが行われ、ストレスチェックの結果に基づく面接指導も依頼すれば無料で実施対応している。**

ストレスチェックと面接指導の実施状況は、毎年、労働基準監督署に所定の様式で報告するのよ。

## ○ では「安全配慮義務」ってなに？

さっき出てきた、「会社の安全配慮義務違反として損害賠償を請求される事例が増えている」の、安全配慮義務ってなんですか？

## ■ストレスチェック制度の実施手順

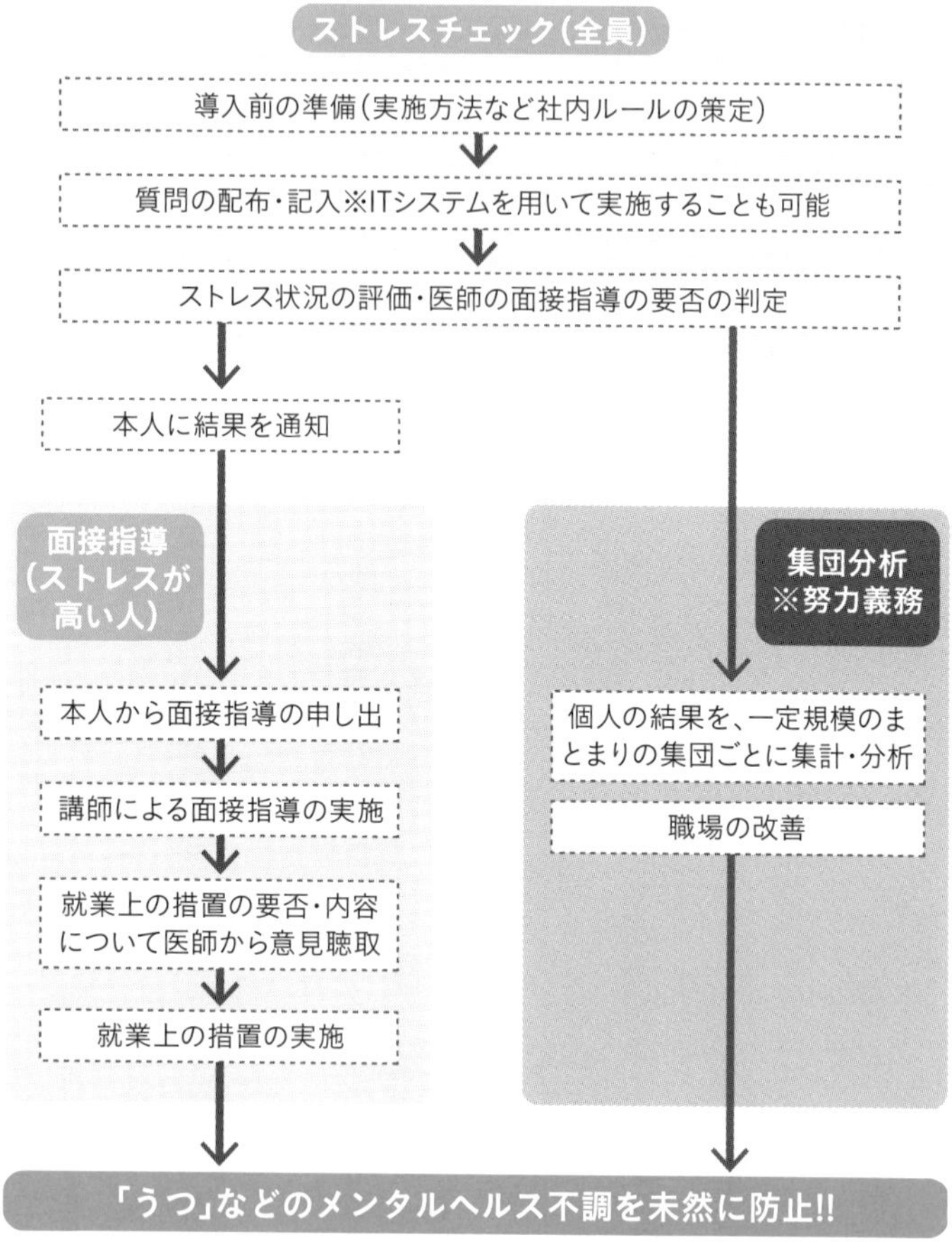
ストレスチェック(全員)
導入前の準備(実施方法など社内ルールの策定)
質問の配布・記入※ITシステムを用いて実施することも可能
ストレス状況の評価・医師の面接指導の要否の判定
本人に結果を通知
面接指導(ストレスが高い人)
本人から面接指導の申し出
講師による面接指導の実施
就業上の措置の要否・内容について医師から意見聴取
就業上の措置の実施
集団分析※努力義務
個人の結果を、一定規模のまとまりの集団ごとに集計・分析
職場の改善
「うつ」などのメンタルヘルス不調を未然に防止!!

## ■働き方改革にともなう、医師による面接指導実施義務の強化

長時間働く従業員の健康管理のために、働き方改革の一環として、医師による面接指導の対象となる従業員の要件は、「1カ月あたりの時間外・休日労働時間が80時間を超え、かつ疲労の蓄積が認められる者」に拡大された。会社は、該当する従業員からの申し出に応じて医師による面接指導を実施する必要がある。※高度プロフェッショナル制度対象労働者を除く。

**安全配慮義務とは、会社として従業員の命や安全に配慮しなければいけない義務のことよ。**法律によって、「従業員がその生命、身体などの安全を確保しつつ労働することができるよう、必要な配慮をする」ことや、「快適な職場環境の実現と労働条件の改善を通じて、職場における従業員の安全と健康を確保する」ことを会社の義務と定義しているの。

従業員がストレスチェックの結果の提供に同意せず、面接指導の申し出もしなかったら、会社側は従業員のストレスの状態やメンタルヘルス上の問題を把握できないですよね。その結果、適切な就業上の配慮ができなくて、従業員がメンタルヘルス不調を発症した場合、会社の安全配慮義務違反になっちゃうんですか？

安全配慮義務については、民事上の問題になるため、最終的には裁判で判断されるわね。従業員のストレスやメンタルヘルスの把握は、ストレスチェック以外の機会でも把握できることがあるので、ストレスチェック結果が把握できないというだけで、会社の安全配慮義務がなくなるわけではないわね。

# 05 忙しかったら健康診断はしなくてもいい？

今年はすごく忙しいので、健康診断をなしにしようかという話が出ています。

**健康診断は毎年やらないといけない**って決まっているの。忙しいからといって、後回しにはできないわ。ただし、例 新型コロナウイルス感染予防などの異常事態のときは、厚生労働省が「延期は差し支えない」と発表したりするから、厚生労働省のＨＰを確認しながら判断してね。

## ○健康診断にも種類がある

健康診断には、雇入れ時の健康診断、定期健康診断、特定業務従事者の健康診断などの「**一般健康診断**」や、特に有害な業務に従事する従業員を対象とする「**特殊健康診断**」があるの。

健康診断にもいろいろ種類があるんですね。

会社が一般健康診断を受けさせないといけないのは、次の要件をどちらも満たす人よ。

**一般健康診断の対象者**

❶ **期間の定めのない雇用契約をしている従業員**

※ 期間の定めのある従業員でも、1年以上勤務する予定であれば対象になる。

❷ **1週間の労働時間数が同じ種類の業務をする従業員（正社員）の所定労働時間数の4分3以上ある従業員**

※ 1週間の所定労働時間数がおおむね2分の1以上の従業員に対しても、一般健康診断を実施するのが望ましい。

**実施時期は、雇入れ時と採用後も毎年1回（深夜業は6カ月に1回）、医師による健康診断を**受けさせる必要があるわ。受診結果は5年間保存してね。

中途採用の谷さん、前職で健康診断を受けたばかりですが、雇入れ時の健康診断は必要ですか？

**入社前3カ月以内に、従業員が前職や独自に健康診断を受けていれば、その旨を書面で証明す**ることで、受診した項目については健康診断を省略できるわ。

定期健康診断で異常が認められた場合はどうなるんですか？

要件を満たせば「2次健康診断」を受けることができるの（下図）。

従業員が健康診断を受けたくないと言ってきたらどうしよう。

会社には健康診断を受けさせる義務があるので、従業員側にも受診をする義務があるの。費用は一般的には会社が負担すべきね。就業規則にルールを明記するなどしておくといいわね。

そういえば、派遣労働者の場合は、派遣元と派遣先のどちらで健康診断をするんですか？

派遣労働者の一般健康診断は、従業員の派遣元でやるの。有害業務に従事する従業員については、健康診断は派遣先の会社で受ける決まりになっているの。

### ■要件を満たせば2次健康診断を受けることができる

1次健康診断 → 従業員が50人以上の会社（職場ごと）は、定期健康診断および特殊健康診断を実施したら、結果報告書を労働基準監督署に届け出なければならない

▼

2次健康診断

▼

特定健康指導

2次健康診断等給付 → 2次健康診断等給付の結果によって、従業員の業務の配慮をしなければならない

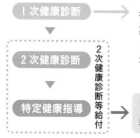

Part

# 06 安全管理者とか衛生管理者ってなに？

## どれひとつ聞いたことない！

総括安全衛生管理者、安全管理者、衛生管理者、産業医って聞いたことある？

う～ん、まったく聞いたことないけど……、給湯室の壁に「安全管理者」だったかな、貼ってあったかも！

そうね。職場の安全や衛生を保つため、労働安全衛生法という法律で、会社の職場単位で業種、規模などに応じて、**総括安全衛生管理者、安全管理者、衛生管理者および産業医の選任と、安全委員会・衛生委員会の設置が義務づけられている**の（次ページ）。**小規模な職場なら、安全衛生推進者、衛生推進者の選任が義務づけられている**の（下記）。忘れず確認しておいてね。

### ■安全衛生推進者と衛生推進者

従業員が10名以上の会社では、安全管理者または衛生管理者に代わって、安全衛生に関する実務担当者として、安全管理者を必要とする職種には安全衛生推進者、必要としない業種には衛生推進者を選任する必要がある

## 総括安全衛生管理者

| 一定の規模以上の職場について、事業を実質的に統括管理する者を「総括安全衛生管理者」として選任し、安全管理者、衛生管理者を指揮させるとともに、従業員の危険または健康障害を防止するための業務を統括管理する | |
|---|---|
| 選任しなければならない業種 | 職場の規模（常時使用する従業員数） |
| 林業、鉱業、建設業、運送業、清掃業 | 100人以上 |
| 製造業(物の加工業を含む)、電気業、ガス業、熱供給業、水道業、通信業、各種商品卸売業、家具・建具・じゅう器等卸売業、各種商品小売業、家具・建具・じゅう器等小売業、燃料小売業、旅館業、ゴルフ場業、自動車整備業および機械修理業 | 300人以上 |
| そのほかの業種 | 1,000人以上 |

## 安全管理者

| 一定の業種および規模の職場ごとに「安全管理者」を選任して、安全衛生業務のうち、安全に係る技術的事項を管理する | |
|---|---|
| 選任しなければならない業種 | 職場の規模(常時使用する従業員数) |
| 林業、鉱業、建設業、運送業、清掃業、製造業(物の加工業を含む)、電気業、ガス業、熱供給業、水道業、通信業、各種商品卸売業、家具・建具・じゅう器等卸売業、各種商品小売業、家具・建具・じゅう器等小売業、燃料 | 50人以上 |

## 衛生管理者

| | |
|---|---|
| 一定の規模および業種の区分に応じて「衛生管理者」を選任し、安全衛生業務のうち、衛生に係る技術的事項を管理する | 選任する職場の規模（常時使用する従業員数） |
| | 50人以上 |

## 産業医

| 一定規模以上の職場について、一定の医師のうちから「産業医」を選任し、専門家として従業員の健康管理などをする |
|---|
| 選任しなければならない職場(常時使用する従業員数) |
| ・50人以上<br>・常時3,000人を超える従業員を使用する職場では、2人以上の産業医を選任する |
| 専属の産業医の選任が必要な職場 |
| ・常時1,000人以上の従業員を使用する職場<br>・一定の有害な業務に常時500人以上の従業員を従事させる職場 |

# 第7章

# 解雇・退職・定年

石川さん定年になるから資料見て手続き確認しておいて
契約更新しないときってどうするのかな
ふむふむ…

仕事にもけっこう慣れてきたかも
今日のスケジュールもオッケー！
いける！
労務の仕事よかかってこい！美咲ちゃんが相手になります
あ、あの…
来月契約満了ですが更新はあるのでしょうか？

確認します！
また夕方に来ますので
それまでに教えてください
はい！
ちょっといいか？
山下さんから
退職届を
受けとったんだが…

確認します！
安田さん
石川さん定年になるから資料見て手続き確認しておいて
フフフフフフ
確認します…
一気にきたー
契約更新しないときってどうするのかな
ふむふむ…
退職届と退職願…これ違うの？
定年後も70歳まで働くって何？
んー

みんなやめるの・・・?!
ダメだ…
わからない……
落ち着いて!
まぁまぁ・・・
大丈夫よ
人事総務の仕事を
していたら
退職に関わる案件は
避けられないもの
まいこ先生
トラブルになることも
あるから
慎重に一つひとつ整理
していきましょうね
はい!
がんばります…!
詳しく見ていこう!

Part

# 01 いきなりクビになることもあるの？

## ○労働契約の終了にはいろいろなケースがある！

労働契約の終了は、会社と従業員双方にとって重大な出来事になるの。採用と違って突然発生することもあるから、事前に法令上のルールや手続きのポイントを整理しておいてね。

「労働契約が終わる＝退職の手続きをすれば○Ｋ」という単純な話じゃないんですね。

そうなの。解雇、定年、自己都合退職、どれも労働契約の終了という点は共通しているけれど、それぞれ法令上のルールがあるのよ。詳しい内容はあとで確認するとして、まずは労働契約の終了にはどのようなケースがあるのか次ページ表を見てね。ほかにも、休職期間満了や役員への就任、従業員の死亡などで労働契約が終了することもあるわ。トラブルを防ぐためにも、どのようなときに労働契約が終了するのか、契約時にきちんと説明をしておくことが大切よ。**解雇や退職に関するルールは就業規則に必ず定める事項で採用時にも書面で明示しなくて**

**はいけない**の。まずは会社の就業規則や労働条件通知書で、退職についてどう定められているのかチェックしてね。

## 定年退職は自己都合？会社都合？

そういえば定年を迎える石川さんから、退職理由は「自己都合」か「会社都合」か、どちらになるのか聞かれました。

いい質問ね。退職の理由は一般的に自己都合と会社都合に分けられるの。**退職理**

### 労働契約が終了する主なケース

| | |
|---|---|
| **自己都合退職** | 転職や家庭の事情など、個人的な理由で従業員から退職の意思を申し出て労働契約を終了させるケース。<br>期間の定めのない労働契約の従業員であれば、２週間前までに申し出をすれば退職をすることができる。期間の定めのある労働契約では、会社側、従業員側ともやむを得ない理由がないと契約期間の途中で解約することはできない |
| **期間満了退職** | 期間の定めのある労働契約では、更新がある場合を除き契約期間が終わると自動的に労働契約が終了する。ただし、今まで３回以上契約が更新されている従業員や１年を超えて継続勤務している従業員においては、契約を更新しない場合、会社は30日前までに予告しなければならない |
| **定年退職** | 期間の定めのない労働契約において、従業員が会社の定めた定年の年齢を迎えた場合、自動的に労働契約が終了する。<br>定年は60歳以上とする必要があるが、上限年齢の定めはなく「65歳」「定年はない」など、会社によって異なる。定年が65歳未満の場合は65歳までの雇用確保措置が義務づけられている |
| **合意退職** | 会社と従業員、お互いの合意のうえで労働契約が終了すること。従業員側から「退職願」を提出して会社が承諾することで退職となるケースや、会社側から退職勧奨をして従業員が合意をするケースがある。合意があれば労働契約を即日終了することもできる |
| **解雇** | 会社からの申し出で、一方的に労働契約を終了させること。従業員の生活に重大な影響をおよぼすため、解雇は会社が自由にできるものではなく、社会の常識から見ても納得できる理由が必要とされ、手続きにおいても厳しいルールが定められている |

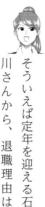

由によって退職金の支給や雇用保険の失業給付の扱いなどが変わってくるから従業員にとっては気になるところだと思うわ。

## 自己都合と会社都合の違い

**自己都合** **転職や引っ越しなど、従業員側の都合や従業員の意思で退職するケース**

**会社都合** **従業員が労働できる状態で、労働の意思があるにも関わらず倒産や解雇など会社側の事情により退職するケース**

退職金は、自己都合か会社都合かで金額の計算式が違ったり、「懲戒解雇の場合は支給しない」といったルールがあったりするのよ。**会社によって異なるものだから就業規則や退職金規程をチェック**してみてね。

失業給付における判断基準はどの会社も同じで、ハローワークの「**特定受給資格者及び特定理由離職者の範囲と判断基準**」を見てね。定年退職は自己都合扱いになるけれど、失業給付には給付制限期間がないなどの特例もあるからあわせて説明するといいわ。（次々ページ表）。

**失業給付の手続きに関連する退職理由は、従業員へ交付する離職票に会社が記載する**の。会社は自己都合で辞めたという認識でも、退職をした従業員の認識が違うと異議を申し立てられることもあるからね。最終的な判断はハローワークがするけれど、トラブルを防ぐためにも今回の退職はどのケースに当てはまるのかを適切に判断して、退職をする従業員と会社の認識が異なることのないようにしておきたいわね。

失業給付って退職後に次の仕事を探す人が受け取れる給付金ですよね。自己都合と会社都合でどのくらい差があるんですか？

正式には求職者給付の基本手当というのだけど、退職理由のほか、退職時の勤続年数や年齢によって給付日数が決まっているの。**自己都合の場合は、２～３カ月の給付制限期間があって失業給付をすぐに受け取れないうえに給付日数も最長１５０日まで。会社都合の場合は「特定受給資格者」という扱いだから、給付制限期間もなく受け取れて給付日数も最長３３０日と手厚くなる**のよ。

退職理由によってすぐ受け取れるのか、いくら受け取れるかが判断されるなら従業員にとっても大きな問題ですね。労働契約の終了のケースと一緒に、退職金の扱いや失業給付についてもしっかり理解しておかないと！

## 失業給付における退職理由の判断基準の概要

| | |
|---|---|
| **自己都合扱い** | |
| **一般の離職者** | 自己都合によるもの、重責解雇、定年退職（給付制限期間がない）など |
| **退職の理由によって失業給付に特例があるケース（給付制限期間がない）** | |
| **特定理由離職者（区分１）** | 期間の定めのある労働契約の期間が満了し、更新を希望したにもかかわらず合意が成立せず労働契約が更新されなかったケース（離職の日が2022年3月31日までであれば特定受給資格者と同様の給付日数となる） |
| **特定理由離職者（区分2）** | 体調不良、妊娠・出産・育児、介護、通勤困難など、正当な理由のある自己都合で離職したケース |
| **会社都合扱い** | |
| **特定受給資格者** | ・倒産<br>・会社において大量雇用変動の場合（1 カ月に 30 人以上の離職を予定）の届出がされたため離職した<br>・雇用される被保険者の 3 分の 1 を超える者が離職したため離職した<br>・事業所の廃止<br>・事業所の移転により、通勤することが困難となった<br>・解雇（重責解雇を除く）<br>・契約時に明示された労働条件と実態が著しく違った<br>・給与額の3分の1を超える額が期日までに支払われなかった<br>・給与が今までの85％未満に低下した<br>・離職の直前6カ月間に基準を超える時間外労働があった<br>・会社が法令に違反し、妊娠・出産・家族の介護などをする従業員に不適切な対応をした<br>・従業員の職種転換などに際して、仕事を続けるために必要な配慮をしなかった<br>・契約更新により3年以上引き続き雇用されるはずだったが、労働契約が更新されなかった<br>・契約時更新されると明示されていた労働契約が更新されなかった<br>・パワハラ、セクハラを受けた<br>・直接または間接的に退職勧奨を受けた<br>・会社の事情による休業が3カ月以上となった<br>・事業所の業務が法令に違反した |

参考 ハローワーク「特定受給資格者及び特定理由離職者の範囲と判断基準」

Part
# 02
# 退職の申し出はメールや口頭でもいいの？

## 「退職願」と「退職届」は違う！

営業部の山下さんから退職の申し出がありました。どうしたらいいですか？

まずは、退職の申し出が「退職願」なのか「退職届」なのかということを確認してね。

### 退職願と退職届

**退職願**　**従業員が会社に退職をしたい旨を伝えるもので、**承諾を得ることで退職が確定する。**会社の承諾を得るまでは、撤回や退職日の変更をすることができる。**

**退職届**　**「○月○日付で退職します」という従業員の意思表示であり、撤回することはできない。**会社の承諾がなくとも申し出のあった退職日で労働契約は終了する。

退職の意思表示は口頭やメールでも大丈夫ですか？

意思表示の方法についての決まりはないから、口頭やメールでも有効だけど、トラブルを防ぐためにも書面で受け取ることが重要よ。就業規則にも「退職の申し出は書面にて届け出る。会社は受理をしたら承諾書を交付する」といったルールを定めておきたいわね。

## 2週間前に言えば辞められるって本当？

会社の就業規則には「退職しようとするときは、1カ月前までに会社へ退職の申し出をする」と書いてありますが、2週間前までに言えば辞められるって聞いた気もするんですが……。

**退職の意思表示は2週間前までにすれば法的には有効**よ。でも退職のときって、有給休暇を消化したり引き継ぎがあったりするから、2週間前だと仕事に支障が出るわよね。だから就業規則や雇用契約書に「退職の申し出は1カ月前にする」など、2週間より長く規定をしている会社が多いの。労働局は、会社の就業規則に退職手続きが定められている場合、それにしたがって退職の申し出をする必要があると示しているわ。ただし不当に長い期間退職させないような規定は無効になるから、長くても2～3カ月前を目安にしてね。また、年俸制、完全月給制、期間の定めのある契約など2週間では退職できないケースもあるから契約ごとにも確認してね。

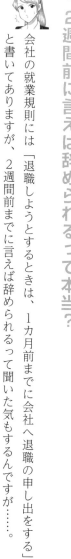

Part

# 03 退職後ライバル会社に入社するのはどうなの？

転職があたりまえの時代だけど、退職後ライバル会社に入社するのって法的には問題ないの？

基本的には**憲法において職業選択の自由が定められているから、会社側がむやみに制限できるものじゃない**のよ。一方で「競業避止義務」といって、会社に勤めている間や退職後に、所属している会社と同じ仕事をはじめることや同業他社へ転職することを禁止することもあるわ。

憲法ってすごく強いイメージがあるけど、競業避止義務ってどこまで有効なんですか？

競業避止義務が有効かどうかは裁判で争われるものなの。個別に判断されるから一概にはいえないけど、過去の裁判例でポイントはいくつか示されているわ。

### 競業避止義務の有効性判断のポイント

**❶ 競業避止を課して守るべき企業の利益があるかどうか**
**❷ 従業員の地位からみて合理的なものか**
**❸ 地域的な限定があるか**
**❹ 競業避止義務の存続期間**
**❺ 禁止される競業行為の範囲について、必要な制限がかけられているか**
**❻ 代償措置（給与や退職金の厚遇など）が講じられているか**

例 従業員全員に対して同業他社へ転職することを禁止した会社が、違反した従業員を訴えたとしても認められない可能性が高いわね。だけど、例 会社の重要な機密事項を知る立場にあった人が転職先に情報を漏らして実際に損害を与えたケースでは、損害賠償の請求や退職金の返還などが認められたこともあるわ。

**悪質な引き抜きなどに従業員が応じないようにするためにも、まずは対象者やルールを決めてしっかり認識してもらう**ことが重要ね。

## 機密情報や顧客リストが持ち出されるのを防ぐには？

今はＵＳＢメモリやアプリで情報が持ち出しやすくなっているし、ＳＮＳなどで情報が拡散されるから情報漏洩のリスクは高いですよね。どうやって対策したらいいんですか？

そうね。**取引先や顧客の情報が万が一外部に漏れてしまったら会社の信頼を失うだけじゃなく、場合によっては損害賠償を求められることもある**から一定の対策は必要ね。

退職後も企業秘密を洩らされないようにするには、具体的に何をしたらいいんですか？

まずは就業規則にルールを定めたうえで、入退社時や重要なプロジェクトに関わるときに機密保持に関する誓約書を交わすなど、書面におけるリスク管理をして、従業員にしっかりと認識してもらうことが重要よ。あわせて、退職したら社内の情報にアクセスできるＩＤやパスワードなどのアカウント情報は使用できないように削除するなど、システム上のルールも整備しておくことも忘れずにね。できる範囲で自社にあった対策をしておくことね。

# 04 定年後もここで働けるのかな？

## ○ 65歳までは雇用しなきゃダメ！

今度定年を迎える石川さんですが、ほかに何か気をつけることってありますか？

従業員が**定年の年齢を迎えた場合、自動的に労働契約が終了する**のだけど、会社の定めた定年が65歳未満の場合は、**65歳までの雇用確保措置が義務づけられている**の。自分の会社がどんな対応をしているかは、就業規則や雇用契約書を確認してね。

高年齢者雇用確保措置（義務）

- ❶ **65歳までの定年引き上げ**
- ❷ **65歳までの継続雇用制度の導入（原則として、希望者全員を定年後再雇用する制度）**
- ❸ **定年の廃止**

※❶～❸のいずれかの措置をしなくてはならない。

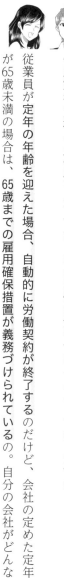

## 70歳まで働ける社会へ！

65歳までの雇用確保措置に加えて、**70歳までの就業確保措置が努力義務化**されたわ。これによって65歳から70歳までの間も、会社が雇い続けるか業務委託契約などの形で働く機会をつくることが求められるようになったのよ。

### 高年齢者就業確保措置（努力義務）

**❶ 70歳までの定年引き上げ**

**❷ 70歳までの継続雇用制度の導入**

**❸ 定年の廃止**

**❹ 希望する高年齢者について、70歳まで継続的に業務委託契約を締結する制度の導入**

**❺ 希望する高年齢者について、会社が実施する事業や会社が委託などをする団体が行う社会貢献事業などに、70歳まで継続的に従事できる制度の導入**

※右記のいずれかの措置をしなくてはならない。

※❹および❺の雇用以外の措置の場合は、労働者の過半数を代表する者などの同意を得たうえで導入する。

70歳まで働くとなると、職場の安全とか健康の面とかほかにもいろいろと考える必要がありそうですね。努力義務っていうことはやらなくてもいいんですか？

そうね。取り組みをしなくてもペナルティはないから、会社によって対応も分かれるでしょうね。とはいえ、長く働ける職場かどうかは採用や定着においても重視されていくと思うわ。超高齢社会で働き手は減っていくと見込まれるから、5年後、10年後の社内体制をイメージしながら、将来にわたって無理なく仕事が回るように取り組みを進められたらすばらしいわね。

継続雇用で定年前より給与が下がったという話も聞きますが、労働条件は変えてもいいんですか？

継続雇用は、定年退職者の希望にあった労働条件での雇用を義務づけるものじゃないの。高年齢者雇用安定法のQ＆Aでも、会社が合理的な裁量の範囲の条件を提示していれば、従業員の合意を得られず継続雇用にならなかったとしても違法にはならないとされているわ。
あと、同一労働同一賃金が新しい働き方のルールとして加わったから、再雇用後の労働条件については、仕事も役割も変わらないのに給与だけ大幅に下がるなど、説明ができないような不合理な差は認められなくなっていることにも注意してね（第９章参照）。

# Part 05 どうしたら解雇できる?

## ◯解雇には客観的で合理的な理由が必要

実は、辞めてもらいたい人がいるのですが……。解雇って難しいですか?

原則として解雇は自由に行うことができるとされているのだけど、その前提として、**客観的に見て合理的な理由があること、そして社会の常識から見ても納得できる状況であること**が必要なの。解雇は簡単にできないと心得ておいてね。

解雇は従業員にとっても重大なことだから、労働トラブルに発展してしまうケースもあるわ。できるだけのことをしたうえで、どうしても解雇したいときは、社労士や弁護士に相談したりして慎重に対応しましょう。

解雇の手続きって、具体的にはどう進めていくんですか?

解雇の手続きには「**解雇予告・解雇予告手当**」「**解雇制限**」など法律上のルールがあるの。

## ○解雇を伝えるときのルールとは？

まずは「解雇します」と告げる必要があるけど、その際は**少なくとも30日前に解雇予告をする**というルールがあるの。もし解雇予告をしない場合には、平均賃金の30日分以上の解雇予告手当の支払いが必要よ。解雇予告の日数は、その日数分の平均賃金を支払うことで減らすことができるの。

**例**「10日後に解雇する」というケースであれば、「30日－10日＝20日分」の平均賃金を解雇予告手当として支払うことになるわね。

解雇予告は口頭でも有効だけど、「**解雇予告通知書**」を交付するなど、**必ず書面にしてね**。

### ■解雇予告と解雇予告手当

**例** 5月1日に解雇予告をした場合

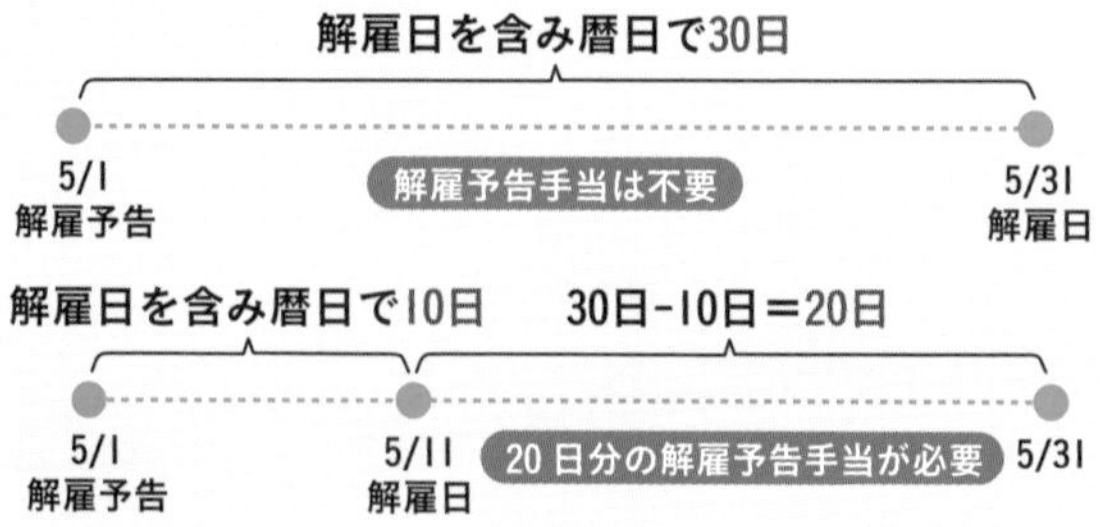


※例外として、天災事変などやむを得ない事情が発生して事業の継続が不可能となった場合、または、従業員側に重大な責任のある理由で解雇となった場合は、所轄の労働基準監督署長の認定を受ければ、解雇予告は不要となる。

## 解雇制限

もうひとつ、「解雇制限」といって、次のようなケースだと解雇することができないというルールがあるの。事前に該当する項目がないかチェックしておいてね。

**解雇できない期間（解雇制限期間）**

❶ **業務上の理由によるケガや病気で療養している期間とその後の30日間**
❷ **産前6週間（多胎の場合は14週間）および産後8週間とその後の30日間**
※ただし、打切保障を支払う場合など、例外的に解雇ができるケースもある。

**法令上解雇が禁止されている理由に該当するケース**

❶ **国籍、信条、社会的身分を理由とする解雇**
❷ **労働基準監督署に申告したことを理由とする解雇**
❸ **労働組合の組合員であることを理由とする解雇**
❹ **従業員の性別を理由とする解雇**
❺ **女性従業員が結婚・妊娠・出産・産前産後の休業をしたことを理由とする解雇**
❻ **従業員が育児・介護休業を申し出たこと、育児・介護休業したことを理由とする解雇**

# 06 解雇にもいろいろ種類がある！

解雇の基本的な考え方を確認したら、解雇の種類についても確認しておきましょう。

解雇にも種類があるんですか？

そうなの。大きく「普通解雇」「懲戒解雇」「整理解雇」の3つに分けられるのよ。

## 普通解雇 指示した仕事がまったくできない！

普通解雇は、能力不足、欠勤が多すぎるなど、会社が求める水準で仕事ができないことを理由としたケースのことね。

もう少し具体的に教えてください。

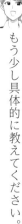

どんなとき普通解雇となるのかは就業規則に記載しておく必要があって、厚生労働省のモデル就業規則を例にすると**「勤務状況が著しく不良で、改善の見込みがなく、従業員としての職責を果たし得ないとき」「勤務成績または業務能率が著しく不良で、向上の見込みがなく、ほかの職務にも転換できないなど就業に適さないとき」「精神または身体の障害により業務に耐えられないとき」**のような感じね。ただし、記載した項目に該当したからといってすぐに解雇できるものではないの。一度雇用をした場合、会社は仕事ができるようになるように指導や教育をすることが求められるのよ。

**もし解雇の可能性があるのであれば、指導した履歴については書面で残すなどしておくことが重要**になるわ。指導をしたということに関して、本人との認識をあわせるだけでなく、万が一不当解雇だと訴えられてトラブルになってしまった場合には、誰が見ても納得のいく理由があったり、指導がされていたことを証明する必要があるの。

なるほど。たしかに証明できるものがないと、言った言わないでますます関係が悪化してしまいそうですね。普通解雇といっても簡単にできるものではないと心得ておこう。

## ○ 懲戒解雇　重大な規律違反が発覚！

懲戒解雇は会社の規定に重大な違反をして、会社に大きな損害を与えた場合などに解雇となるケースよ。会社で定める懲戒規定における最も重い処分という位置づけで、左記の例だと、けん責、減給、出勤停止、懲戒解雇の順に処分が重くなるの。

懲戒の種類（モデル就業規則から一部抜粋）

第○条　会社は、従業員が次条のいずれかに該当する場合は、その情状に応じ、次の区分により懲戒を行う

❶ けん責：始末書を提出させて将来を戒める

❷ 減給：始末書を提出させて減給する

❸ 出勤停止：始末書を提出させるほか、○日間を限度として出勤を停止し、その間の給与は支給しない

❹ 懲戒解雇：予告期間を設けることなく即時に解雇する

重大な違反をした懲戒解雇なら予告期間なしで即時解雇が可能なんですね。

懲戒処分は就業規則に懲戒規定がなかったり懲戒の理由が不合理だったりすると、民事上無効となってしまうの。**限定列挙**といって、具体的に挙げられている内容でしか処分が認められないから、**どのようなことをしたら懲戒解雇となるのか厳密に定めておく必要がある**から注意してね。

## ◎ 整理解雇 経営が大ピンチ！

**整理解雇は会社の業績不振や、組織の再編など経営上の理由から行われるケース**、いわゆる「リストラ」ね。整理解雇においても解雇の原則である誰が見てもちゃんとした理由があること、そして社会の常識から見ても納得できる状況であることという要件にあてはまらなければ解雇は無効になるわ。

### 整理解雇の４要素

| | |
|---|---|
| ❶人員削減の必要性 | 人員削減をしなければ会社を存続することができない危機的な状況であるか。最近経営が多様化してさまざまな事案がでてきたことを受け、経営判断を尊重して、人員削減の必要性が認められる裁判例も増えている |
| ❷解雇回避努力の有無 | 人員削減は最終手段として、解雇をしないためにあらゆる努力を尽くしたか。具体的には、配置転換・出向、退職勧奨、希望退職の募集、新規採用の中止、役員報酬の削減、不要資産の売却などをしたかが問われる |
| ❸解雇対象者の選定の合理性 | 整理解雇をする対象者は公平に選ぶ必要があり、主観的な理由で選んではいけない。勤務態度や成績などの客観的な資料を参考にしながら、合理的な判断基準で選定したか |
| ❹労使交渉などの手続きの妥当性 | 整理解雇をする過程において、労働組合や従業員にしっかり説明し、解雇をする時期や方法などについて話しあい、納得が得られるように努めたか。手続きの妥当性は判断基準におけるウェイトが高い要素でもある |

**会社の危機でも解雇は難しいんですね…。**

そうなの。整理解雇においては基本的に❶人員削減の必要性、❷解雇回避努力の有無、❸解雇対象者の選定の合理性、❹労使交渉などの手続きの妥当性、の４要素を総合的に見てその有効性が判断されるわ（前ページ下表）。

解雇についてだいぶ理解できたけど、実際に起こったらうまく対応する自信がないです。

解雇は会社にとっても、従業員にとっても避けたいことだと思うわ。
会社としては、解雇への対策を考えるのではなく、**入り口である採用を丁寧にやることが重要**よ。
ミスマッチが起こらないように、求人や採用のプロセスを見直したり、入社後の教育体制を整えたり、要員計画をしっかり考えたりして、解雇が生じない職場づくりをしていきたいわね。

# 第8章

# テレワークの労務管理と設計・運用のポイント

くいっ
ねぇ 安田さん
去年緊急導入したテレワーク今年度から正式に整備していくことになったってさ
そうなんですね！
ぱぁぁ
私もテレワークができたら…
満員電車とさよなら！
人混み…
ゴチャ
育児との両立もスムーズ
ワークライフバランス♪

ウェブ会議を駆使して
テキパキ働く私！
…いいかも～
……
うまくいくのかねー
緊急導入時も水道光熱費が
上がったとか
中抜けした場合は
どうしたらいいかとか
質問多かったし
そういえば！
１回社内アンケート
取りましたよね
確かデータが…

あ　ありました
これです!
継続したいっていう人が多いけど　なんか課題もいろいろありそうですねぇ…
テレワークを継続したいですか?
1. はい(81%)
2. いいえ(19%)
Q.テレワークにおいて意見や質問があればご記入ください
・家族がいて集中できないのでカフェで仕事をしたい
・通勤定期はどうしたらいいか
・上司が「部屋を見せてくれ」と言ってきて困った
・フレックスタイム制にしてはどうか
・子どもを寝かしつけた後、夜の時間帯に仕事をしてもいいでしょうか?
・ちょっとしたことが聞きづらくなり仕事がしにくい
・仕事を評価してもらえているか不安になる
そうだなー
とりあえずテレワーク規程つくるから整理しておいて
はい!
そうそう　部長から「セキュリティ周りを特に」って言われてるから　それもちょっと調べておいて

は…はい…
困ってる?
はい
テレワークはこれからの時代に求められる働き方…とはいえ実際の導入にはいろんな課題があるものよね
でも継続したいっていう意見に応えたいな最近自然災害も増えてるし通勤できなくなることってまたありそうだし
そうねBCP対策※としても重要になっているわ
定着のためにはそれぞれの会社にあった形で整備を進めることが大切よ労働時間制度は変えるのか費用負担の取り決めやテレワーク手当の設計マネジメントや評価方法の見直しについても考えておきたいわね
私も将来子育てしながらムリなく働きたいし…
ちゃんとやろうとすると考えることいっぱいありそう…
でも いい形にできるようにがんばる!
詳しく見ていこう！

※緊急事態でも事業を継続するための対策。

# 01 テレワークってどうやったらうまくいくの？

うちの会社も、遅ればせながらテレワークが導入されることになりました！

よかったじゃない。テレワークは「情報通信機器を使って離れた場所で働くこと」を指すのよ。大きく分けて**在宅勤務、出先で仕事をするモバイルワーク、サテライトオフィスでの勤務**の3つの形があるの。自社に合った形でうまく活用できたらいいわよね。

## ○テレワークはあたりまえの働き方になる！

まずはオンラインで働けるようにして、規程を整備するだけで大丈夫ですか？

それだけではダメよ。会社を取り巻く環境が大きく変化していることや、**従業員自身が働き続けるためにもテレワークが必要になっていることを理解してもらって、全社的に進めていくことが大切よ**。テレワークが求められる理由をまとめてみるわね。

### テレワークが求められる主な理由

**BCP対策** 近年増加している自然災害や感染症流行などの非常時にあっても事業を継続することができる。

**ワークライフバランスの実現** 通勤をなくし時間効率を上げることで、育児・介護、闘病、学び直しなどと仕事の両立を実現できる。

**生産性向上** 急速に進むデジタル化に対応しながら、時間や場所にとらわれず効率よく働くことができる。

**人材確保** 遠方の従業員、家庭の事情、健康上の問題から通勤が困難な人材などを採用できる。転居などに伴う離職を防ぐことができる。

これからの労務管理には、よりリスクマネジメントの視点が求められていくし、時代の変化にあわせて新しい働き方も積極的に取り入れていく必要があるわね。

## ○テレワークの労務管理ポイント！

社内アンケートの結果ではテレワークを続けたいという意見が多かったけれど、課題も多く出てきちゃいました……。

離れた場所で働く環境となると、今までとは違った課題が出てくるよね。厚生労働省から「**テレワークの適切な導入及び実施の推進のためのガイドライン**」が出ているからまずはガイドラインをベースに、ポイントを整備していくといいわ（下記）。

うわぁ、こんなにあるんですね。

やってみないと見えてこない課題もあるから、すべてを整えてから導入するのではなくやりながら改善していくイメージで整備をしていくといいわ。労使で話しあってルールを決めていくことも重要よ。このあと、それぞれの項目について詳しく見ていくから、会社にあったテレワークの形を考えながら優先順位をつけて取り組んでいきましょう。

### テレワークにおける労務管理上の留意点

| | |
|---|---|
| **労働時間管理** | 労働時間の適切な把握、フレックスタイム制などの柔軟な労働時間制度の検討、中抜け時間の取り扱い、長時間労働対策 |
| **業務の指示・マネジメント** | 自律的な業務遂行ができる体制づくり、オンラインツールを活用した業務の指示、テレワークに適したマネジメント能力の向上 |
| **情報セキュリティ** | 情報漏洩リスクへの対策、テレワーク時の服務規律の整備、従業員教育 |
| **費用負担** | 水道光熱費・通信費などの費用負担、通勤費の取り扱い、テレワーク手当の検討 |
| **人事評価制度** | 非対面の環境下における評価方法の検討、業務内容や求める遂行基準の明確化、評価者訓練 |
| **そのほか** | メンタルヘルス対策、ハラスメント対策、作業環境整備 |

## ○あわてて就業規則を変更しなくても大丈夫？

テレワークをはじめる前に就業規則を変更しないといけないいんですか？　緊急導入時は変えていなかったんですけど……。

**労働時間制度やそのほかの労働条件が同じなら、法的には就業規則を変更しないでテレワークを導入して大丈夫。**緊急導入時やトライアルの時期なんかは、規程を変えなくてもある程度対応できるわ。ただしテレワークをすることで、通信費など従業員に費用を負担させる場合は、就業規則の必要記載事項に該当するから変更が必要よ。継続的にテレワークをする場合には、テレワークを命じる根拠を明確にするためにも就業規則を見直したいわね。変更するなら、就業規則の別規程として「**テレワーク規程**」を作成するのが一般的ね。就業規則に関しては第11章で詳しく説明するね。

テレワーク規程には具体的に何を定めたらいいんですか？

**テレワーク規程には、対象者や申請方法、業務指示、費用負担などをはじめとしたテレワークのルールを定める**のよ。厚生労働省の資料「テレワークモデル就業規則」を参考にするといいわ。

# 02 テレワーク中にちょっと歯医者に行きたい！はOK？

せっかくテレワークをするなら、勤務時間をもっと自由にできたほうがいいですよね。通勤をしなくてすむなら始業時刻を前倒しして仕事ができる人もいると思うし、育児や介護をしている人は途中で仕事を抜けられたら便利ですよね。

テレワークと同時に労働時間制度を変えるケースもあるわね。でも離れて働く分、勤務状況が見えにくくなるから、規律が乱れたり長時間労働につながってしまったりと、労務管理が難しくなることもあるの。まずは、テレワークを導入するときに考えられる労働時間制度について整理してみましょう。

## ○ 労働時間も柔軟にすべき？

社員が時間的にも自由に働けるのはいいことだと思ったけど、そうとはかぎらないのかな？

そうね。**業務の内容や社員の意識にもよる**と思う。うまくいけばより効率のいい時間の使い方ができるから、どんな選択肢があるかは知っておきたいわね（下表）。労働時間制度の詳しい内容については第2章を参照してね。**働く場所も労働時間制度も一気に変えると混乱する**から、慣れてから検討していくのもいいと思うわ。

## ○ テレワーク中の私用はどう扱う？

保育園のお迎えとか通院とか、ちょっとした用事で仕事を抜けるのは大丈夫ですか？

**勤務中に仕事から離れる時間を「中抜け時間」**というわ。法令上、会社としては把握して対応するもよし、把握せずに労働時間として取り扱ってもいいとされているの。とはいえ、ノーワークノーペイの考え方からしたら会社は把握して適切な対応をしたいわよね。

### ■テレワークで検討される労働時間の柔軟な取り扱い

| | |
|---|---|
| **❶通常の労働時間制度および変形労働時間制** | あらかじめ始業および終業の時刻を変更できるよう就業規則に規定しておくことで、テレワーク時に柔軟な勤務ができる |
| **❷フレックスタイム制** | 始業・終業時刻の決定を従業員に委ねることで、効率のいいテレワーク勤務ができる |
| **❸事業場外みなし労働時間制** | 一定程度自由な働き方をする従業員であれば、柔軟にテレワークを行うことができる |
| **❹裁量労働時間制および高度プロフェッショナル制度** | 適用できるかは業務の性質によるが、対象従業員にテレワークを認めることで、より柔軟な働き方ができる |

そうですよね。どんなルールにしたらいいんですか？

**「中抜け時間を休憩時間として取り扱って、その分終業時刻を繰り下げる」「時間単位の年次有給休暇として取り扱う」**といった対応が考えられるわ。時間単位の年次有給休暇については第3章04を参照してね。

ちなみに、移動時間はどうなるんですか？

業務から離れて従業員が自由に使える時間だったら、移動時間を休憩時間として取り扱ってもいいとされているの。ただし、**テレワークをしている従業員に対して急にオフィスへの出勤を求めたときや、業務をさせるために就業場所の移動を命じて、その間の自由利用が保障されていなければ移動時間は労働時間に該当する**わ。

なるほど。このあたりのルールはしっかり説明できるようにしておかないとですね。

Part 03

# テレワークでの仕事の指示はどうしたらいいの？

テレワークだと、目が届かない分、業務の指示が難しいですよね？

そうね。出社していると従業員の状況が見えるから業務の指示もしやすいけれど、テレワークの場合、原則オンラインでやり取りをするから仕事の進め方を整理する必要があるわ。ガイドラインでは自律的に業務を遂行できるように仕事の進め方の工夫をしたり、研修などで人材育成をしたりすることが推奨されているの。管理者によるマネジメントも、テレワークにあったものに変えていく必要があるから確認していこうね。

## ○ テレワーク時の業務指示

まずは何からしたらいいの？

はじめに対象部門や対象者を決めて、テレワークの対象業務を整理する必要があるわ。そうするとテレワークをする頻度も見えてくるわよ。

弊社は営業や企画部門が対象で、一部出社しないとできない仕事もあるから、週3回程度を想定しているみたいです。

**出社とテレワークを併用するなら、両方の働き方に対応できるよう業務フローを構築していく必要があるわね。**出社時に行う業務とテレワーク時に行う業務の住み分けをして、業務をするために必要なツールを選定していきましょう。今まで出社してやっていたことをテレワークでやる場合に、必要となるツールをまとめておくわね（次ページ下表）。

**例**「企画会議と議事録の共有」をテレワークで実施するとしたら、「❶ウェブ会議の設定と招集＋❷ウェブ会議の進行＋❸議事録の作成＋❹議事録をオンラインストレージにアップロード」といった形でオンラインでの実施に置きかえられるでしょ。オンラインに移行した場合の業務フローが整理できれば業務の指示やマネジメントもしやすくなるのよ。

簡単な業務フローとかマニュアルがあるとよさそうですね。

そうね。あとは、今日何をしているのかをオンラインのカレンダーで共有したり、チャットで

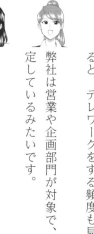

声かけできる環境をつくったりして、**コミュニケーションを取りやすい環境にしておくことがとても重要**。これは会社側から働きかけて早めに整備しておきたいわね。

たしかに！　新入社員だと特にちょっとしたことを聞ける環境がないと支障が出ますよね。このあたりを整備しておけば働きやすくなりそうですね。でも出社しないと、正直サボっちゃう人もいると思うんですけど、そういう人の対応はどうしたらいいんですか？

管理者からしたら、部下がちゃんと仕事をしているか不安になるよね。とはいえ**テレワークの場合、ある程度自律的に働くことが前提になるから、仕事の成果を明確にして業務指示をする形に変えるの**。これは評価制度とも関わってくるから、第8章06の評価のところを見てね。

### テレワークに必要となる主なツール

| 業務上の目的 | テレワークツール | 具体的なツール例 |
|---|---|---|
| 会議 | ウェブ会議システム | Zoom、Teams、Cisco Webex |
| 職場での指示・雑談 | チャットツール | Slack、チャットワーク、LINEWORKS |
| 書類の保管・共有 | オンラインファイルストレージ | Dropbox、OneDrive、Box、Google Drive |
| 社内掲示板・予定の共有 | オンラインスケジュール管理 | Googleカレンダー、サイボウズOffice |
| 勤怠管理 | クラウド勤怠管理システム | ジョブカン、キングオブタイム |

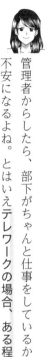

## ○ リモハラってなんだ？

そういえば、社内アンケートで「上司が部屋を見せてくれと言ってきて困った」って意見がありました。テレワークをすると今までなかった嫌がらせとかハラスメントが出てきますね。

そうね、**「リモートハラスメント」**「リモハラ」などと言われているわ。在宅勤務だとウェブ会議などを通じて、自宅や私服などプライベートな情報に触れるし、オンライン上で1対1の環境になると、ほかの人からも見えにくい状態になるわ。第6章02のハラスメントに関する基本的な考え方を参考に、研修をするなどの対策をしておきましょう。

### リモハラの具体例

- ウェブ会議などで、部屋や私服、家族の顔を見せるよう強要する
- プライベートについて干渉・指摘してくる、業務上の必要性を超えて監視される
- 業務時間外にオンラインでの対応やオンライン飲み会を強要される
- 特定の人物をウェブ会議に招待しない、オンライン上で隔離するなど

# Part 04 テレワークの情報セキュリティはどうしたらいい？

正式導入にあたって、部長からセキュリティ周りを特に整備するよう言われているんですけど……。

セキュリティ周りの整備は重要なポイントね。事前に、**業務上保護しないといけない情報資産を洗い出して、どんな脅威や脆弱性、リスクがあるかを認識しておくこと**ね。そのうえで、重要度に応じて情報のレベル分けをして、体系的な対策を実施していくの。総務省が示している**「テレワークセキュリティガイドライン」**や**「中小企業等担当者向けテレワークセキュリティの手引き（チェックリスト）」**を参考に整備を進めていくといいわ。

## ○ テレワークで生じるリスクってそんなにある？

まずはテレワークで想定されるリスクについて確認しておくね（次ページ下表）。

**一般的なマルウェアに感染した場合、機械の動作の妨害やデータの破壊による業務停止、デー**

タの外部送信による情報漏洩、会社の機器が悪用されて攻撃の加害者となる可能性などがあるの。不正アクセス、端末の紛失・盗難、情報の盗聴などに遭ってしまった場合は、情報漏洩の発生やそれに伴う賠償責任の発生、取引先や顧客からの信頼失墜や取引停止となる可能性があるわ。

ひえ～、どれも実際に起こったら損失が大きそう！

テレワークの方式にもよるけど、基本的には「ルール」「人」「技術」の3つの観点からバランスよく対策することが大切なの。ルールの面では紙での情報持ち出しを禁止するといった決まりをつくっておく。人の面では、従業員教育やセキュリティに対する意識の向上ね。技術面では端末へのログイン認証、HDD暗号化、ウィルス対策ソフトといった対応が考えられるわ。

情報セキュリティ規程の作成やテレワーク時の服務規律を整備して周知しておきましょう。

### ■テレワークで想定されるリスク

| | |
|---|---|
| **マルウェア感染** | マルウェア感染とは、悪意あるソフトウェアや悪質なコードがソフトウェアに組み込まれること |
| **不正アクセス** | 不正アクセスとは、コンピュータの OS やアプリケーションソフトウェア、ハードウェアに存在する脆弱性を悪用し、アクセスする権限を持たない第三者が内部に侵入する行為 |
| **端末の紛失・盗難** | 端末など、物理的な機器を第三者に盗まれること、またはなくしてしまうこと |
| **情報の盗聴** | ネットワーク上でやり取りされているデータを盗み見られることや、端末を覗き見られること |

# 05 テレワークすると電気代がすごくかかるんですけど!

テレワーク勤務だと出社しなくていいし、仕事の内容も少し変わると思うけど、お給料って見直すんですか?

テレワークになったからといって、会社が一方的に給料を下げることは基本的にできないわ。働く場所が変わるだけだからね。でも通勤手当の取り扱いを変更したり、自宅の光熱費の費用負担の面から手当を見直したり、お給料面に影響することはあるわよ。

## 費用はどっちが負担する?

手当を見直すなら給与規程も変える必要があるんですか?

そうね。ガイドラインにもテレワーク時の費用について、労使のどちらがどう負担するか、限度額や請求方法を話しあってルールを決めて、就業規則等に規定しておくのが望ましいとされ

ているの。下記の規定例のような感じね。

このあたりのルールを話しあって決めればいいんですね。

そうね。それから**テレワークをはじめるにあたって、従業員側の通信環境の整備などに費用がかかる場合もあるわ。**安全衛生上も作業環境整備は求められているから、テレワーク導入時に作業環境整備のための費用を一定額支給することも検討されるわね。

なるほど。テレワークしやすい作業環境や通信環境を整えるっていうのは従業員の働きやすさや生産性にもつながりますね。ここは部長とも相談して考えなくっちゃ！

### テレワーク規程（給与・費用負担：一部抜粋）

（給与）
第○条　在宅勤務者の給与については、就業規則○条の定めるところによる。
　2 前項の規定にかかわらず、在宅勤務（在宅勤務を終日行った場合にかぎる）が週に4日以上の場合、通勤手当については、毎月定額の通勤手当は支給せず、実際に通勤に要する往復運賃の実費を給与支給日に支給するものとする。
（費用の負担）
第○条　会社が貸与する情報通信機器を利用する場合の通信費は会社負担とする。
　2 在宅勤務に伴って発生する水道光熱費は、在宅勤務者の負担とする。
　3 業務に必要な郵送費、事務用品費、消耗品費そのほか会社が認めた費用は会社負担とする。
　4 そのほかの費用については、在宅勤務者の負担とする。

参考 厚生労働省労働基準局資料「テレワークモデル就業規則〜作成の手引き〜」

## ◯ 水道光熱費は業務での使用分がわからないから、テレワーク手当では定額にします！

テレワーク時の水道光熱費や通信費は会社負担とすることもできるけど、どこまでが業務で使用したものか切り分けが難しいよね。その場合**「テレワーク手当」**として、月額や日額で支給して業務負担相当分を補うケースもあるわ。定額で支払う場合は、割増賃金の単価にも算入する必要があるから、割増賃金の算定に関する規定や給与計算も忘れずに見直そうね。

給与計算にも影響するんですね。従業員からテレワーク関連の実費精算を受けるときはお給料と別で処理していたけれど、手当にすると給与扱いだから税金もかかるの？

そうね、月額5千円などの渡し切りのテレワーク手当は給与として課税する必要があるわ。ただし通信費や電気料金に関しては、業務に使用した分を所定の計算式で算出することで、一部非課税扱いにすることも認められているのよ。費用負担にかかる税金の扱いは国税庁の**「在宅勤務にかかる費用負担等に関するＦＡＱ（源泉所得税関係）」**を参照してね。

# 06 テレワーク環境だとどうやって評価されるの？

ここまでくれば、もうほかには何も考えておくことはないですか？

テレワークのマネジメント（第8章03）の部分でも触れたけど、正式導入をするなら評価制度もテレワークにあったものにしていきたいわね。テレワーク環境の整備やルールの設定が落ち着いたら、次のステップとして検討してみましょう。

## ○ テレワークで評価制度が見直される理由

**人事評価制度は単に処遇を決めるだけじゃなくて、従業員にどうなってもらいたいかを示すものでもある**わよね。テレワークは離れた場所で働く自律的な働き方だから、従業員自身が仕事を自己管理できるように支援して、一定期間で会社が求める成果を出すようなマネジメントが求められるわ。**評価制度を通じて会社と従業員の認識をあわせることが重要**よ。

たしかに、仕事のやり方も求められるスキルも変わりますよね。自律的に働くというだけじゃなくて、オンラインツールを使いこなして自分自身をマネジメントできるようになって、さらに評価にも反映されるのであれば意欲的にがんばれますね。

ガイドラインにも、テレワークにおける人事評価についてのポイントが示されているから紹介しておくね。

### テレワークの適切な導入および実施の推進のためのガイドライン（一部抜粋）

**■テレワークにおける人事評価制度**

- 上司は、部下に求める内容や水準などをあらかじめ具体的に示しておくとともに、評価対象期間中は、必要に応じてその達成状況について労使共通の認識を持つための機会を柔軟に設けるようにする。
- 非対面の働き方において適正な評価を実施できるよう、評価者に対する訓練などの機会を設けるなどの工夫を考える。
- テレワークを実施している者に対し、時間外、休日または所定外深夜のメールなどに対応しなかったことを理由にして、不利益な人事評価をしない。

自律的な働き方に変わっていくなら、事前の説明方法や面談の頻度といった運用面の見直しも必要ですね。

今後テレワークをきっかけに評価制度や意識が変われば、**今まで以上に成果を出せる人が選ばれていく環境になっていく**と思うよ。年齢や勤続年数に応じて給料が上がる会社は多いけれど、産業の変化が激しい中で断続的な学び直しが求められていることを考えれば、**変化に対応して成果を出せる人材を評価していかないと会社の競争力もあっという間に落ちてしまう時代**だからね。

時代の変化、想定外なところから来ますよね！　柔軟な働き方ができるようになるのはいいけれど、ちゃんと仕事ができないとやっていけなくなりそうですね。

そうね。だからこそ、従業員のキャリア形成にも個別に向きあっていく必要があるの。仕事の内容や成果を明確にして、会社にとっても従業員にとってもいい形になるように、教育面も含めて見直していきたいわね。

# 第9章

# 同一労働同一賃金

カタカタカタ
ピコン
なんだろう?
To.総務様
仕事の内容について
相談したいことがあります
お時間いただけない
でしょうか?
まずは話を聞いてみるか…
後日
失礼します!
メールを送った件で…
私 営業事務のパートとして働いて3年目なんですが最近社員の人とほぼ同じ仕事をするようになっています

そ　そうなのですね…
週４日勤務しかできないからパートだけれど社員の会田さんより２倍　いや３倍くらい処理していると思います
でも　ボーナスが出ないっておかしくないですか？
最近「同一労働同一賃金」という法改正があったと聞いたのですが私のお給料も変わるのでしょうか？
ドウイツロウドウドウイツチンギン？
ちょ…ちょっと、確認をしてみますね
…というわけなんです高橋先輩
どう対応したらいいでしょうか？
部長に聞いたほうがいいかなぁとりあえず状況把握して上げておいて
はい

やばい…
そもそも改正が
わからないぞ…
パートのほうが
詳しい！
同一労働同一賃金って
同じお仕事なら
同じお給料ってこと？
あってる？
いつからそうなったの？
社員
契約社員
パートタイム
同一労働同一賃金
だなんて
よく知っていたわね
まあ!!
アセ
ハッ
法改正まで
チェックする必要が
あるんですね！

同一労働同一賃金は中小企業では２０２１年４月から法改正が施行されているのよ
同じ会社の正社員と非正規社員の間の不合理な待遇差の解消を目指すものなの
そ　そうだったんだ
私はどうしたらいいんだろう…
まずは改正について整理してみようか
それから会社の対応を確認していってなぜ差があるのか説明したり、もしその差が不合理なら解消のための取り組みをしたりする必要があるわ
キリッ
なんだか難しそう…
どこの会社もはじめての取り組みだから心配しないで！行政のガイドラインもあるから一緒に見ていこう
詳しく見ていこう！

# 01 パートでも同じ仕事をしているなら正社員と同じ金額がもらえるの？

パートの鈴木さんに相談されたんですけど、正社員と同じ仕事をしているのにパートには賞与がないとしたら、賞与を支給したり時給をアップしたりする必要があるんですか？

さすがにそうとはかぎらないわね。判断をする基準は、同じ仕事かどうかだけじゃないの。まずは改正の概要から見ていきましょう。

## ○ そもそも「同一労働同一賃金」ってなに？

同一労働同一賃金は、「正社員」と、パートタイマーなど短時間・有期雇用の「非正規社員」の間に、説明できないような不合理な待遇の差があったら解消していくためのものよ。

不合理な待遇かどうかって、どうやって判断するんですか？

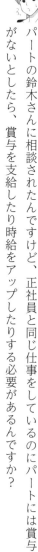

不合理かどうかは、最終的には裁判で判断されるの。その結果、待遇に差があるのは不合理だとなったら、会社は損害賠償や労働条件の見直しといった対応をすることになるわ。

裁判……争いごとになっちゃうんですか！

裁判まで発展することは少ないし、実務的には従業員から「不合理だ！」と言われることのないように、会社が点検して改善に取り組まなくてはいけないの。パートの鈴木さんのように、正社員であるか非正規社員であるかの違いだけで納得のいかない待遇をされているとしたら、不満に感じてトラブルになるかもしれないし、そもそも前向きに仕事をがんばろうと思えないよね。**雇用形態の違いに関わらずやりがいをもって働けるように取り組みを進めていく姿勢が重要**よ。

## ○ 不合理な待遇差の判断基準はなに？

同一労働同一賃金において、正社員と非正規社員の間に不合理な待遇の差を設けることは、基本給や賞与、手当など、あらゆる待遇について禁止されているの。その不合理な待遇の差の判断基準となるのが、「**均等待遇**」と「**均衡待遇**」という考え方なの（次ページ下表）。

うーん、難しいですね。

**「均等待遇」は「差は認められないよ、同じ待遇にしてね」ということ。**業務の内容も責任も配置の変更の範囲も同じで、言ってしまえば違いは契約上正社員か非正規社員かだけだったら、一切の差別が禁止されますよってことね。

**「均衡待遇」は「差はあってもいいよ、その差が不合理じゃないならね」ということ。**差がある理由について業務内容や責任、配置の変更やその他の事情で説明できて、それが不合理じゃなければ待遇に差があってもよしとされているの。

同一労働同一賃金とはいえ、同じ仕事なら同じ給料という単純な話じゃないんですね。

そのとおり！　**仕事の内容だけじゃなくて、責任の程度や配置変更の範囲、その他の事情まで含めて総合的に判断するのよ。**

実際の取り組みとしては「均衡待遇」であるかを確認する

### ■均等待遇と均衡待遇

| | |
|---|---|
| 均等待遇《きんとうたいぐう》 | ❶職務の内容（業務内容＋責任の程度）<br>❷職務の内容・配置の変更の範囲<br>❶❷が全雇用期間を通じて同じ場合、同じ待遇とする必要がある |
| 均衡待遇《きんこうたいぐう》 | (A) 職務の内容（業務内容＋責任の程度）<br>(B) 職務の内容・配置の変更の範囲<br>(C) その他の事情※<br>(A) (B) (C) の違いに応じた範囲内で、待遇を決定する必要がある。<br>※その他の事情：「職務の内容」「職務の内容・配置の変更の範囲」以外の事情で、個々の状況にあわせてその都度検討される。成果、能力、経験、合理的な労使の慣行、労使交渉の経緯は「その他の事情」として想定されている |

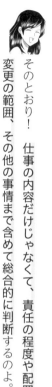

ケースが多いと思う。今回相談に来たパートの鈴木さんもだけど、正社員と非正規社員では、責任の程度、部署間の異動や転勤の有無に違いがあるんじゃないかな。

たしかに、パートに異動はないなぁ。トラブル対応は正社員がするし、終わらなかった仕事は正社員が引き取るから残業もないと思います。

そのあたりまで整理して判断するのよ。具体的な取り組みの手順を見ていきましょう。

## ○会社に求められる対応とは？

まずは全体の流れから確認していくね。厚生労働省が出している「**パートタイム・有期雇用労働法対応のための取組手順書**」におおまかな点検の手順が示されているから参考にして（次ページ表）。

今回のケースだと、パートには賞与がないから、正社員との待遇の違いはあることになるな。この違いが働き方や役割の違いに応じたものか確認して、不合理じゃなければ説明をする、もし不合理だったらどこに問題があるか確認をして改善をするってことね！

## ■同一労働同一賃金対応フロー

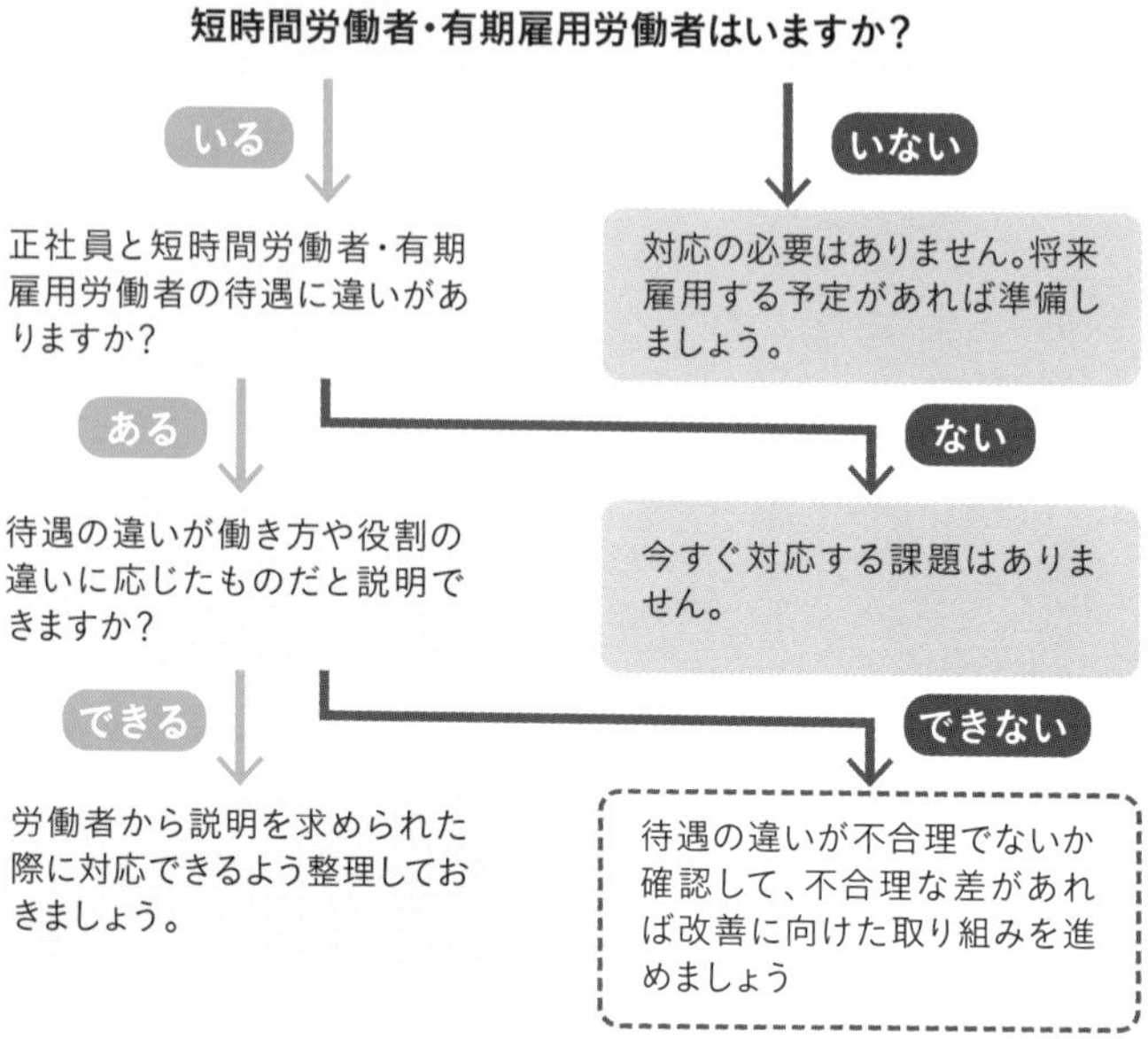
短時間労働者・有期雇用労働者はいますか?
いる
いない
正社員と短時間労働者・有期雇用労働者の待遇に違いがありますか?
対応の必要はありません。将来雇用する予定があれば準備しましょう。
ある
ない
待遇の違いが働き方や役割の違いに応じたものだと説明できますか?
今すぐ対応する課題はありません。
できる
できない
労働者から説明を求められた際に対応できるよう整理しておきましょう。
待遇の違いが不合理でないか確認して、不合理な差があれば改善に向けた取り組みを進めましょう

引用 厚生労働省「パートタイム・有期雇用労働法対応のための取組手順書」

## ■説明義務における比較対象の考え方

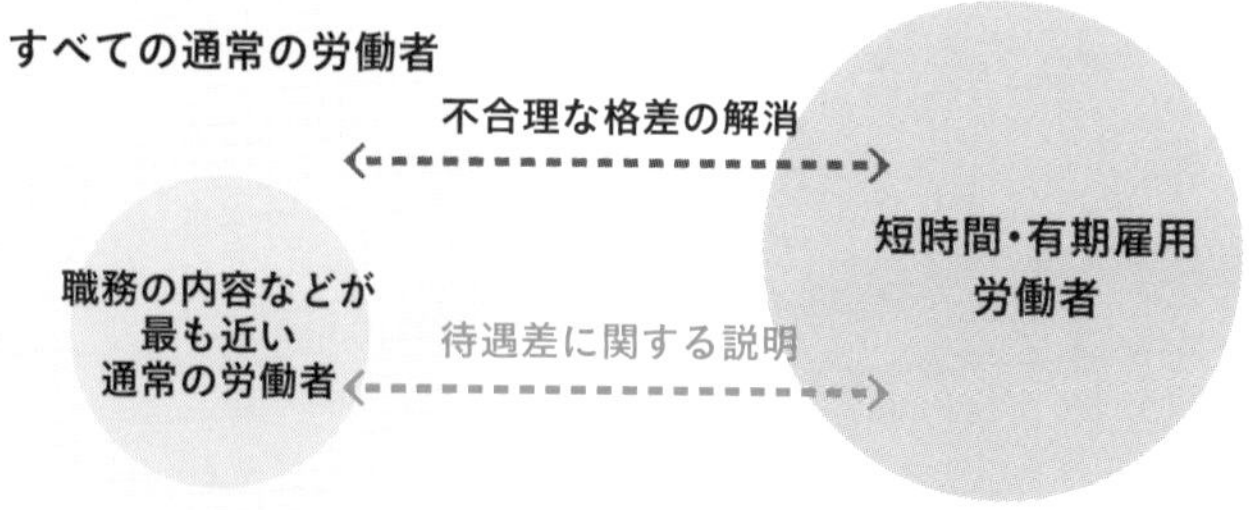
すべての通常の労働者
不合理な格差の解消
短時間・有期雇用労働者
職務の内容などが最も近い通常の労働者
待遇差に関する説明

引用 厚生労働省「不合理な待遇差解消のための点検・検討マニュアル」

Part

# 02 不合理な待遇差はどうやって判断するの？

今回の相談に応えられるように早速取り組みたいと思います！　でも、どうやって進めたらいいんですか？

基本的には厚生労働省の**「不合理な待遇差解消のための点検・検討マニュアル」**を参考にして進めていくことになるわ。点検マニュアルに沿った取り組みの流れをざっくり説明するね。

## 通勤手当に差があるのはおかしくないですか？

**「不合理な待遇差解消のための点検・検討マニュアル」は会社が同一労働同一賃金への取り組みをスムーズに進められるように作成された冊子**で、厚生労働省のＨＰからダウンロードできるわよ。取り組みの手順は４段階に分かれていて、ワークシートに沿って進めていくの（次々ページ表）。

なんだか理屈ではあたりまえのような気もするし、でもとっても難しそうですね。マニュアルやワークシートがあればうまく整理できるものですか？

大丈夫よ。**ワークシートに沿って進めれば、社員タイプの洗い出しから手当などの項目ごとにおける待遇の「性質・目的」の整理、待遇が不合理ではないかどうかの確認までできるようになっているわ。**

第3段階に出てくる、待遇の「性質・目的」ってどういうことですか？

たとえば、通勤手当は通勤にかかる実費を会社が負担する目的で支給するけど、通勤って正社員と非正規社員に差が出る行為じゃないよね？

そうですね。同じように会社に来るだけで、仕事の内容とも関係ないですよね。

だったら差があるっておかしいよね、というように整理していくの。一方で役職手当など一定の責任を負うことに対する対価だと業務内容や責任の程度、能力とも関連してくるから差があってもおかしくないことになるよね。

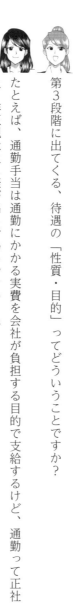

## ■具体的な点検・検討手順

| | |
|---|---|
| **第１段階** | 社員タイプを洗い出して「均等待遇」「均衡待遇」の対象となる労働者を確認する<br>例　正社員　フルタイム・期間の定めのない契約、緊急対応あり、異動・転勤あり<br>パート　短時間勤務・期間の定めのある契約、緊急対応なし、異動・転勤なし |
| **第２段階** | 社員タイプごとに待遇の現状を整理し、待遇の違いを確認する<br>例　正社員　基本給・賞与・通勤手当・役職手当<br>パート　基本給・通勤手当 |
| **第３段階** | **《均等待遇が求められる場合》**すべての待遇について、比較対象労働者と同じ取り扱いにすることが義務づけられる（必要に応じて待遇差の解消に進む）<br>**《均衡待遇が求められる場合》**待遇の違いが不合理か否かを「基本手順」に沿って、賞与・手当など個々の待遇ごとに点検・検討する<br>［基本手順❶］比較対象労働者との違いがある個々の待遇の「性質・目的」を明らかにする。<br>例　通勤手当　通勤費用の補填が目的<br>役職手当　職場の管理・人材育成を担う責務への対価<br>［基本手順❷］❶で明らかにした待遇の「性質・目的」を踏まえ、考慮する３つの要素「職務の内容（業務内容＋責任の程度）」「職務の内容・配置変更の範囲」「その他の事情」のどれにあたるかを判断する<br>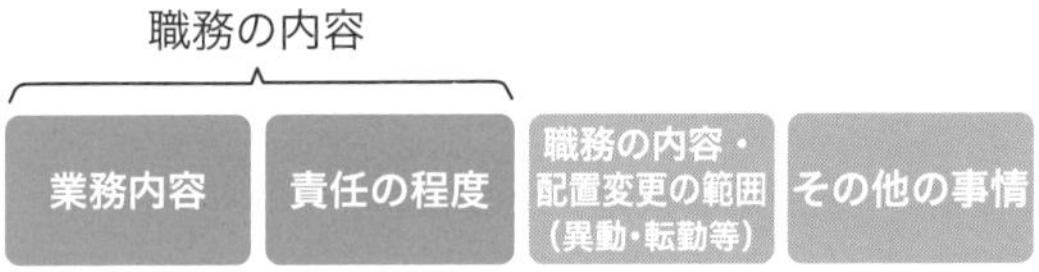<br>［基本手順❸］❷で判断をした要素に基づいて違いがある理由を整理し、「違いが不合理ではない」といえるか判断する<br>例「通勤する行為に違いがなければ、通勤手当の差があるのは不合理」「パートは管理・人材育成をしないから役職手当の差があるのは不合理とはいえない」<br>・不合理ではない場合は、違いの内容と理由を説明できるようにする |
| **第４段階** | ・不合理である場合は、待遇差を解消するための策を検討する |

このあたりの考え方については、第9章03の判例も参考になるわよ。

パートに賞与がない件について、確認してみるとしたらこんなイメージ（下図）ですか？

そうそう、できているわよ。**個々の待遇の「性質・目的」を明らかにしてから、正社員とパートの現在の待遇を整理すると、その差が不合理かどうか見えてくる**よね。この段階で待遇差が不合理でないと判断できれば、説明できる体制づくりをしていくことになるわ。不合理であれば、第4段階に進んで待遇差を改善していくってことね。

## ○ 待遇差は口頭で説明すれば十分！

パートの人に待遇差の説明をするときは書面を渡したほ

**■ワークシート「第3段階」（一部抜粋）**

| ❶の待遇（賞与） | ①左記待遇の性質・目的はどういうものですか。 |
|---|---|
| | 一定期間の貢献度に応じた利益配分のため支給 |

**❷決定基準にどのような違いを設けていますか。また、違いを設けている理由は何か記入してください。**

| 比較対象労働者 | 取組対象労働者 | | 違いを設けている理由 |
|---|---|---|---|
| 一定期間の業績に応じて、月給の1～3カ月分を支給 | 支給なし | ▶ | 業績目標は部署単位で設定されており、パート（取組対象労働者）も業績に貢献しているので支給なしは説明がつかない。改善の必要あり。 |

※正社員（比較対象労働者）、パート（取組対象労働者）

うがいいですか？

書面で渡す必要はないわ。口頭でOKだよ。待遇差の説明に関するポイントを確認しておきましょう。

## 待遇差の説明義務　3つのポイント

❶ **誰と比較するか：職務の内容が最も近い通常の労働者（正社員）を比較対象とする**

❷ **待遇差の内容と理由として何を説明するか：「正社員と非正規社員とで待遇の決定基準に違いがあるかどうか」「正社員と非正規社員の待遇の個別具体的な内容または待遇決定基準」を説明する**

❸ **説明のしかた：説明内容を理解できるよう資料を活用して口頭で説明する**

誰と比較するかというところだけど、比較対象とする通常の労働者（正社員）を選定するときは、業務の内容と責任の程度、配置変更の範囲、職務の内容などを考慮して最も近い人と比べることになっているの。

なるほど。業務の内容や責任の程度が近い人となると、同じ部署で仕事をしていて勤続年数も

同じくらいの正社員の人と比べるのがよさそうですね。

パートの人にポイントを抑えた説明をするには、厚生労働省が出している「**説明書モデル様式**」に沿って資料を作成しておくといいわよ（次々ページ様式）。誰と比較するか、何を説明するかがわかりやすく整理できるし、一緒に資料を確認しながら説明をすれば、理解もしてもらいやすくなるわ。

モデル様式を見るとイメージがわきますね。点検マニュアルとワークシートに沿って待遇差について確認をして、モデル様式の作成ができればいいわけですね。

## ○不合理な待遇差はどうやって解消できる？

今回、賞与は業績に応じた利益配分だということなので、同じ部署で業績に貢献しているパートに支給しないのは説明がつかないねって話になりました……。

**点検マニュアルに沿って確認をした結果、その差が不合理だった場合は解消に取り組む必要が**あるわ。労使で情報を共有して話しあいの中で合意をしていくことが重要よ。

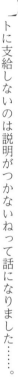

パートにも賞与を出すことになるんですかね。もし会社に賞与を出す余裕がなかったら、正社員の賞与を減らしたりする必要があるんですか？

不合理な待遇差の解消にあたっては、基本的に、労使で合意することなく正社員側の待遇を引き下げることは望ましくないのよ。いわゆる不利益変更にあたるから注意が必要ね。

ほかに、非正規社員に納得感や働きがいをもってもらうためにできることはありますか？

非正規社員から正社員に登用する制度はどうかな。判例でも「その他の事情」で考慮されているし、点検マニュアルにおいても待遇差の是正策として推奨されているわ。

たしかに、希望すれば正社員になれるしくみがあれば、待遇の差も自分次第で解消できるし納得感が持てますね。検討してみます！

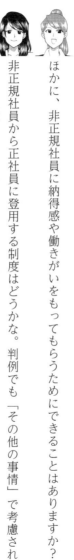

## 説明書モデル様式(記載例)

【第14条第2項の説明書の例】

○年　○月　○日

○○○ ○○　殿　　事業所名称・代表者職氏名 ○○百貨店 □□ □□

あなたと正社員との待遇の違いの有無と内容、
理由は以下のとおりです。
ご不明な点は「相談窓口」の担当者までおたずねください。

**1.比較対象となる正社員**

販売部門の正社員(おおむね勤続3年までの者)

**比較対象となる正社員の選定理由**

職務の内容が同一である正社員はいないが、同じ販売部門の業務を担当している正社員で、業務の内容が近い者は、おおむね勤続3年までの者であるため。

**2.待遇の違いの有無とその内容、理由**

**基本給**

正社員との待遇の違いの有無と、ある場合その内容　（ある）／ない

アルバイト社員は時給1100円、比較対象となる正社員は、売上目標の達成状況に応じて1100円〜1400円(時給換算)です。

正社員との待遇の違いの有無と、ある場合その内容

正社員には月間の売上目標があり、会社の示したシフトで勤務しますが、アルバイト社員は売上目標がなく、希望に沿ったシフトで勤務できるといった違いがあるため、正社員は重い責任を踏まえた支給額としています。

**賞与**

待遇の目的

社員の貢献度に応じて会社の利益を分配するために支給します。

正正社員と待遇の違いの有無と、ある場合その内容　（ある）／ない

アルバイト社員は店舗全体の売上に応じて一律に支給(ww円〜xx円)しています。正社員については目標管理に基づく人事評価の結果に応じて、基本給の0カ月〜4カ月(最大yy円)を支給しています。

待遇の違いがある理由

アルバイト社員には売上目線がないので、店舗全体の売上が一定額以上を超えた場合、一律に支給しています。正社員には売上目標を課してるため、その責任の重さを踏まえて、目標の達成状況に応じた支給とし、アルバイト社員よりも支給額が多くなる場合があります。

**通勤手当**

待遇の目的

通勤に必要な費用を補填するものです。

正正社員と待遇の違いの有無と、ある場合その内容　ある／（ない）

正社員、アルバイト社員ともに交通費の実費相当分(全額)を支給しています。

待遇の違いがある理由

参考 厚生労働省「不合理な待遇差解消のための点検・検討マニュアル」

Part 03

# 判例も参考にしよう！

不合理な待遇差については、最終的には裁判で判断することになるって言ったよね。裁判の結果が公表されたものを**「判例」**というのだけど、判例からはどこが不合理なのか、判断ポイントが読み取れるの。

まず大前提として、**判例はあくまで個別の案件について判断されたものだから、案件によって判断は違ってくる可能性がある**のよ。例 「正社員には退職金を支給するけど非正規社員には支給しなくても不合理ではない」という判例があったからといって、一般論として「非正規社員には退職金を支給しなくてもいい」というわけじゃないからね。

基本的な考え方はあるけど、実際の判断はケースバイケースってことですね。

そうね。ただ手当に関しては、性質や目的がわかりやすいから判例を紹介するね（次ページ表）。今後もいろいろな判例が出ると思うから、新しい情報もキャッチしていくといいわね。

## 各種手当に関する待遇の違いが争われた「ハマキョウレックス事件」

運送会社で働く契約社員のドライバーが、同じ仕事をしている正社員のドライバーとの待遇差を設けるのは無効だと訴えたケース。最高裁では、各手当の性質や目的から待遇の差を設けるのは一部手当を除き不合理であると判断された。

| 対象 | 対象 | 理由 |
|---|---|---|
| 通勤手当 | 不合理 | 通勤に要する交通費を補填する目的で支給されたもの。正社員と契約社員の職務の内容などと通勤に必要な費用には関係がないため、不合理とされた |
| 皆勤手当 | 不合理 | 出勤する運転手を一定数確保するために、皆勤を奨励する目的で支給されたもの。正社員と契約社員の職務内容が同じであれば、出勤する運転手を確保する必要性は同じであり、将来の転勤などの可能性の違いで差が出るものではないの、で不合理とされた |
| 住宅手当 | 不合理ではない | 従業員の住宅に要する費用を補助する目的で支給されたもの。正社員は転居を伴う配置転換が予定されていて、住宅に要する費用が多額になる可能性があるため、不合理ではないとされた |
| 給食手当 | 不合理 | 従業員の食事に係る補助として支給されたもの。正社員と契約社員の職務内容が同じで、配置の変更の範囲の違いと勤務時間中に食事をとる必要性にも関係はないので、不合理とされた |
| 作業手当 | 不合理 | 特定の作業をした対価として、作業そのものを金銭的に評価して支給されたもの。正社員と契約社員の職務内容が同じで、配置の変更の範囲の違いによって差が出るものではないので、不合理とされた |
| 無事故手当 | 不合理 | 優良ドライバーの育成や安全な輸送による顧客の信頼の獲得を目的として支給されたもの。正社員と契約社員の職務内容が同じで、安全運転および事故防止の必要性は同じ。将来の転勤などの可能性の違いによって差が出るものでもないので、不合理とされた |

参考 厚生労働省「パート・有期労働ポータルサイト」

# 第10章

# 副業・兼業

本業がおろそかになるからじゃない？
副業できる会社増えてるみたいですけどうちの会社ではやらないんですかね？
うーん　何で？
知らん
そういう訳でも…
副業したいの？
いえ…何となくです
みたいだしいいかなって思ったけど
コソコソ

やー それにしても 久しぶりだね美咲 どう会社？
佐藤 真琴
美咲の友達
久しぶり〜 真琴！ 学ぶことが多いよ〜
そうなんだ〜 さすが美咲 ほーんと真面目だね
そういえばさ うちの会社副業ＯＫになったんだよね
へー そうなんだ
このままでいいのかなー 転職しようかなー とか思ってたけど
とりあえず副業で 何かやってみようと 思ってさ

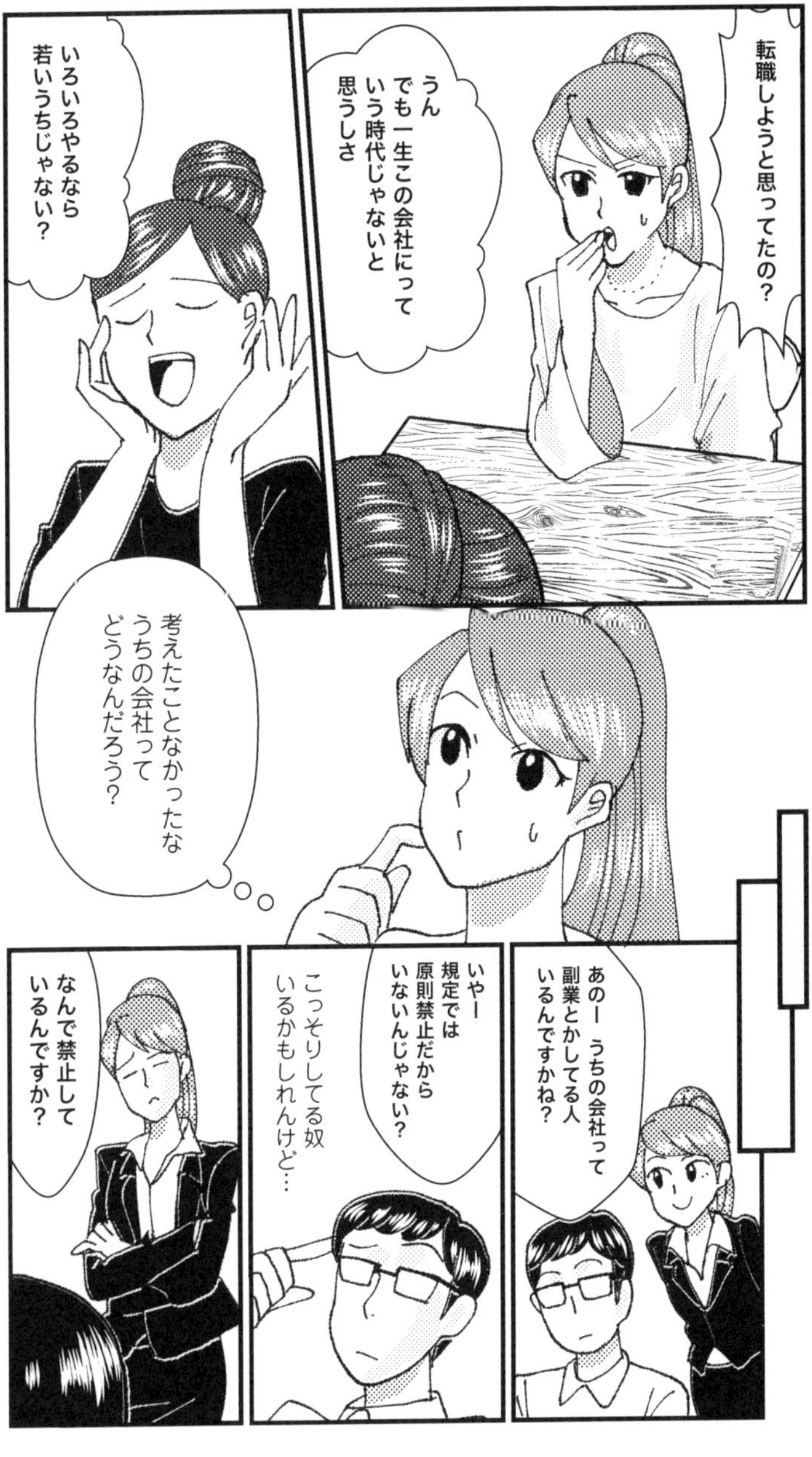
転職しようと思ってたの？
うん
でも一生この会社にって
いう時代じゃないいと
思うしさ
いろいろやるなら
若いうちじゃない？
考えたことなかったな
うちの会社って
どうなんだろう？
あのー うちの会社って
副業とかしてる人
いるんですかね？
いやー
規定では
原則禁止だから
いないんじゃない？
こっそりしてる奴
いるかもしれんけど…
なんで禁止して
いるんですか？

さぁねぇ
やっぱ副業したら
本業がおろそかに
なるからじゃない？
副業できる会社
増えてるみたいですけど
うちの会社では
やらないんですかね？
知らん
うーん　何で？
副業したいの？
そういう訳でも…
いえ…
何となくです
真琴は副業オッケー
で転職するのやめた
みたいだしいいかなって
思ったけど
んー
おろそかにするって
思う人がいると
なかなか言い出しづらい
ことなのかも
しれないなあ…
コツコツ
美咲さん
副業したいの？
ぼしょ

そういう訳では…
そんな余裕もない気もするけど これからの仕事のこと 考えたら必要な気もしてきて
副業OKにしている会社って 増えているのかな？
そうね 終身雇用も難しい時代だし 働き方改革の一環で厚生労働省の モデル就業規則も 副業を容認するようなものに 変わったという経緯もあるのよ
そうなんだ！ 副業OKにすると どうなるんだろう
社員のキャリア形成という 面だけでなく 会社にも いい影響が出るケースもあるわ
でも 労働時間管理や 情報漏洩の面では 心配なこともあるかもね
でも時代の流れなら 社内で要望が あるかもしれないし 今から確認しておきたいな
そうね 採用面でも魅力に なることもあるし 見てみようか！
詳しく見ていこう！

# 01 副業は認めるべき？

## ○副業・兼業でキャリア形成する時代！

**副業・兼業は、新たな技術の開発、オープンイノベーション、起業の手段や第2の人生の準備に役立つとされているわ。「働き方改革実行計画」**でも副業・兼業を普及させる流れになっているのよ。もちろん経済的な事情から副業をするケースもあるから、従業員の意向も確認して検討する必要があると思うよ。

うちの会社でも新しいサービス開発が求められているからいい影響がありそう。第2の人生の準備っていうのは、70歳までの就業確保措置（第7章04）とも関わるんですか？

そうね、長寿社会になってきているから、定年後も働きたいというニーズは高まるだろうし、起業やフリーランスも身近になっているわ。**自分のキャリアやライフプランにあった働き方を模索するためにも、副業をする人は増えていく**んじゃないかな。

副業はＮＧっていうイメージがあったんですけど、時代も変わってきたんですね。会社としての対応は必要ですか？

まずそもそも副業を認めるかを判断する必要があるわ。法的には、**労働時間以外の時間をどのように利用するかは、基本的に従業員の自由**だから認めましょうという考え方なの。ただし、過去の判例から本業に支障が出る、企業秘密が漏れる、ライバル会社と競業するなど、副業が会社にとってマイナスになる場合など、例外的に副業を制限できるケースもあるわ。副業を認めるなら、労務管理上の対応を事前に整備しておくことが大切だよ。

## 副業には法律上のルールがある！

副業をする際に知っておきたい法律のルールや労務管理については、厚生労働省から「**副業・兼業の促進に関するガイドライン**」が出ているの。まずはガイドラインをベースに整備していこうね。

労働時間や社会保険の調整が必要になるケースもあるから、まず従業員がどんな形で副業をするのかを把握する必要があるわ。

それは、従業員の副業先と連絡を取るということですか？

基本的に**従業員からの申告で管理をする**の。その情報をもとに、副業を認めるかどうか、認めるなら労働時間の通算はどのようにするか、社会保険の手続きが必要か、健康管理の措置はどうするかなど、必要な対応をしていきましょう（下表）。

### 副業・兼業における労務管理の留意点と法律上のルール

| | |
|---|---|
| **副業を認めるか否か** | ・従業員が労働時間以外の時間をどのように利用するかは、基本的に自由。裁判例からは、原則として副業を認める方向で検討することが適当とされている |
| **労働時間管理** | ・事業場が異なっても、労働時間に関する規定の適用は通算される<br>・副業をする従業員を使用する会社は、自社と副業先の労働時間を通算して管理する必要がある<br>・労働時間を通算した結果、法定労働時間を超える部分は、時間的にあとから労働契約を締結した会社が、36協定に基づき時間外労働をさせることになる |
| **社会保険** | ・厚生年金保険・健康保険に加入するかどうかは、労働時間などから勤務先ごとに判断される<br>・自社でも副業先でも加入要件を満たす場合は、「二以上事業所勤務届」の提出が必要 |
| **雇用保険** | ・雇用保険に加入するかどうかは労働時間などから勤務先ごとに判断される<br>・自社・副業先両社で加入要件を満たしても１社のみの加入となるため、主に給与を受け取っている会社で加入する |
| **労災保険** | ・労災保険は、雇用されていれば自社・副業先の両社で適用される<br>・災害発生時は、両社での給与額を合算して保険給付の算定がされる<br>・労災の認定においては、自社・副業先単独で不認定の場合、両社の業務上の負荷を総合的に評価して判断する |
| **健康管理** | ・健康診断、長時間労働をした従業員に対する面接指導、ストレスチェックやその結果に基づく事後措置は、実施対象者の選定にあたって副業先の労働時間は通算しない |

## ◯ 副業の申請書には何を記載するの？

従業員から副業先の情報を申告してもらうときは、具体的にどんなことを確認すればいいですか？

副業をする際に確認すべき事項についてはガイドラインにも示されているわ（下表）。

副業によって、違法な残業や長時間労働などが発生すると、労働基準法や労働安全衛生法における使用者責任が問われることもあるの。

**副業が従業員の安全や健康に支障をもたらさないか、禁止または制限をしている副業に該当しないかを確認することがポイント**だよ。事前に、「副業に関する届出書」など申請のための書式を作成しておくといいわね。

### ■副業・兼業における確認事項

| | |
|---|---|
| **基本的な確認事項** | ❶副業・兼業先の事業内容 |
| | ❷副業・兼業先で従業員が従事する内容 |
| | ❸労働時間通算の対象となるか否かの確認 |
| **労働時間通算の対象となる場合に確認する事項** | ❹副業・兼業先との労働契約の締結日 |
| | ❺副業・兼業先での所定労働日、所定労働時間、始業・終業時刻 |
| | ❻副業・兼業先での所定外労働の有無、見込み時間数、最大時間数 |
| | ❼副業・兼業先における実労働時間などの報告の手続き |
| | ❽これらの事項について確認をする頻度 |

# 02 副業の労働時間はどう管理する?

まずは、副業における労働時間の通算の考え方を知っておくことが大切だよ。36協定違反や過重労働にならないよう気をつけながら、確認していこうね。

## ○昼間は会社員、夜はフリーランスのデザイナーの場合は?

労働時間を通算するといっても、副業としてフリーランスや起業をしている場合はそもそも労働時間っていう考え方がないですよね?

いい質問ね。**副業においては、労働時間を通算するケースとしないケースがある**の。ざっくりいうと**雇用されて働くかどうか**で分類されるけど、雇用されていても労働時間規制が適用されないケースは通算の対象じゃないのよ。具体例もあわせて確認しておこうね（次ページ下表）。

副業先でどんな働き方をするのか、確認することがスタート地点ですね。フリーランスなら関

係なしか……。

とはいえ労働時間を通算しないケースでも、働きすぎで業務に支障が出ることは考えられるわ。だいたいどのくらいの時間仕事をしているのか申告してもらうなど、働きすぎを防ぐような配慮はしておいたほうがいいわよ。

## ◎ 本業と副業の労働時間を足すには「通算ルール」がある

「通算した労働時間で管理する」＝「36協定とか割増賃金のルールを守る」ということですか？ 法定労働時間は1日8時間だから、例 うち（本業）で5時間働いたあとに副業先で4時間働いたら、後に働いた会社が1時間分の割増賃金を支払うんですか？

そうとはかぎらないの。「所定」労働時間、つまり**契約してい**

**■ 労働時間を通算するケース・しないケース**

| | |
|---|---|
| 労働時間を通算するケース | ・労働基準法に定められた労働時間規制が適用される従業員 |
| 労働時間を通算しないケース | ・労働基準法が適用されない場合<br>例 フリーランス、独立、起業、共同経営、アドバイザー、コンサルタント、顧問、理事、監事　など<br>・労働基準法は適用されるが労働時間規制が適用されない場合<br>例 農業、畜産業、水産業、管理監督者、機密事務取扱者、監視・断続的労働者、高度プロフェッショナル制度 |

る労働時間の通算においては、どちらが先に労働契約を締結したかがポイントになるの。

**例** 先に労働契約を結んでいた会社Ⓐの所定労働時間が5時間、副業として後で労働契約を結んだ会社Ⓑの所定労働時間が4時間だとすると、会社Ⓑの勤務が終わってから会社Ⓐの勤務をしたとしても、時間外労働の割増賃金は会社Ⓑが支払うことになるわ（下図 例① 例②）。図にするとこんなイメージね。

「所定」労働時間においては、どちらが先に労働契約を締結したかで決まるんですね。

■「所定」労働時間の通算（原則的な労働時間管理の方法）

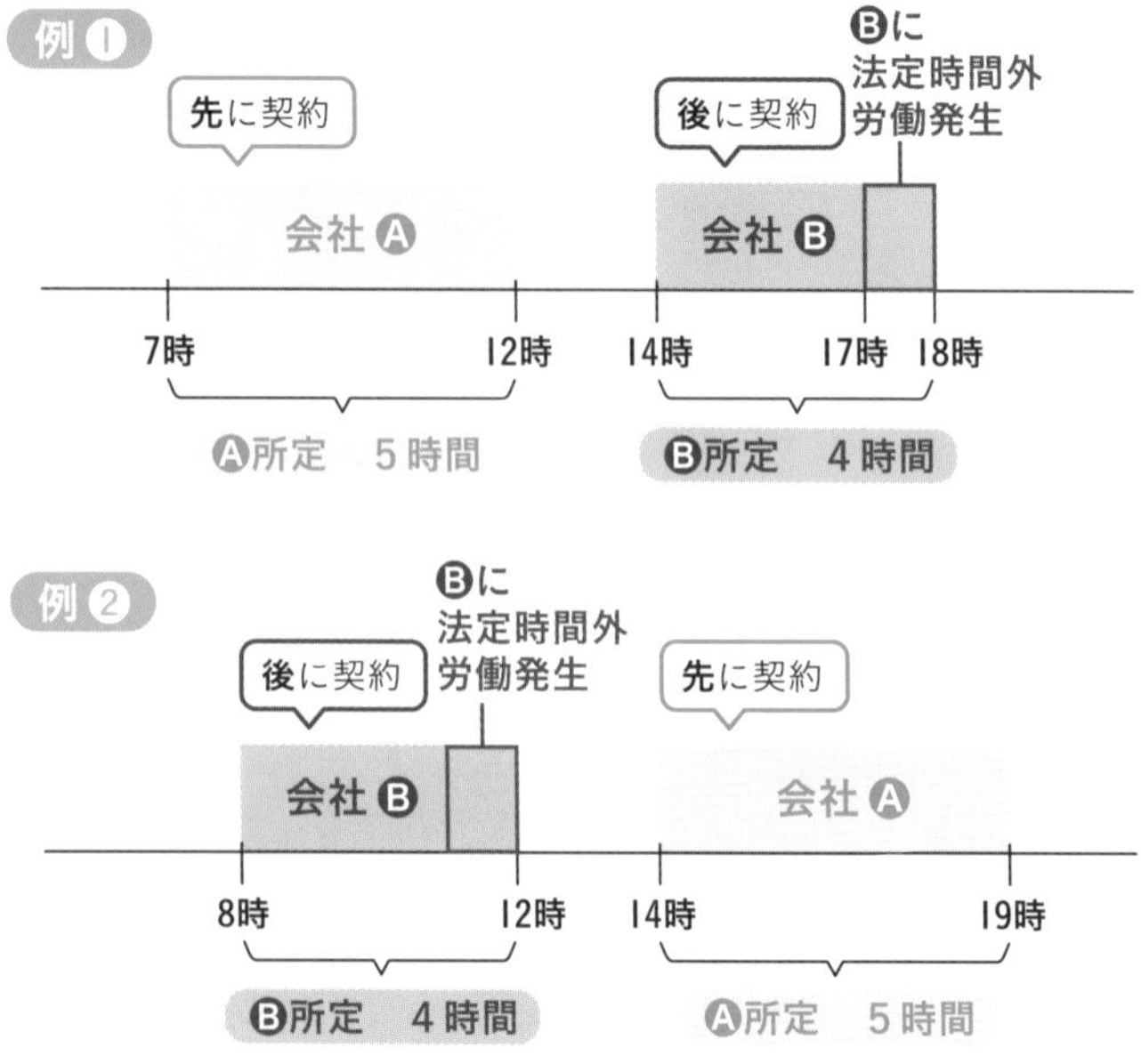
例①
先に契約
会社Ⓐ
後に契約
会社Ⓑ
Ⓑに
法定時間外
労働発生
7時
12時
14時
17時
18時
Ⓐ所定 5時間
Ⓑ所定 4時間
例②
後に契約
会社Ⓑ
Ⓑに
法定時間外
労働発生
先に契約
会社Ⓐ
8時
12時
14時
19時
Ⓑ所定 4時間
Ⓐ所定 5時間

そうなの。「所定外」の労働時間、つまり契約をした時間を超えて働いた分を通算する場合、所定外部分は労働契約の前後に関わらずカウントしていくわ。下図（例③ 例④）でいうと、「①先に契約したⒶ社の所定」⬇「②後に契約したⒷ社の所定」⬇「③その日、先に働いた会社での時間外労働」⬇「④その日、後に働いた会社での時間外労働」の順にカウントしていくの。そのうえで法定労働時間、つまり1日なら8時間を超えた部分があれば、その労働をさせた会社が割増賃金を支払うことになるわ。

### 「所定外」労働時間の通算（原則的な労働時間管理の方法）

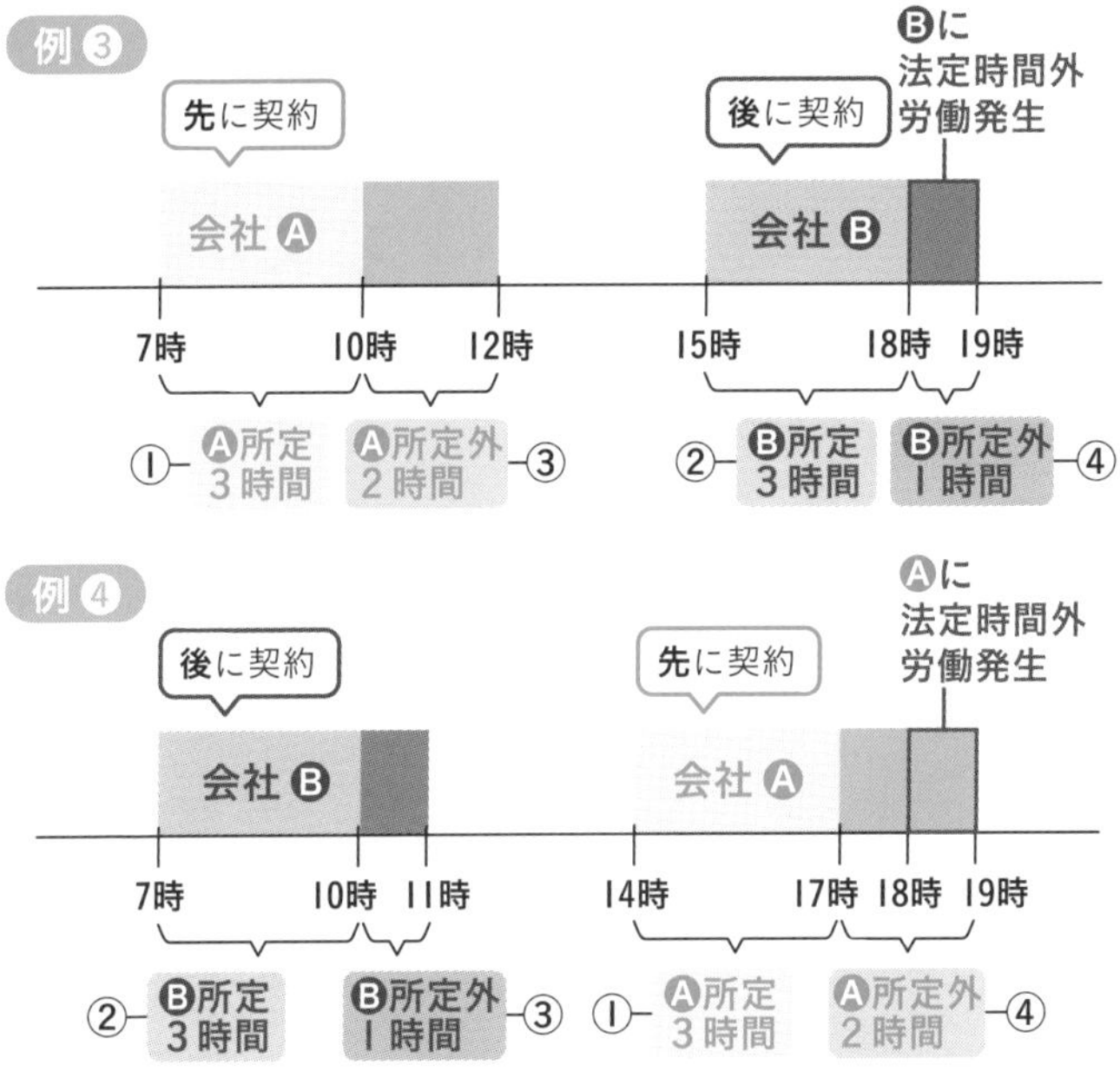

「所定」か「所定外」かでカウントのしかたが変わるのを管理するんですか？　これは事務負担が大きそうですね。

そうね。これが原則的な労働時間管理の方法なんだけど、大変よね。**ガイドラインでは、労働時間の通算管理において、手続きの負担を軽くしながら労働基準法に定める最低の労働条件が遵守されやすくなる方法として「管理モデル」という方式も示しているわ。**フリーランスなどではなく、副業先と雇用契約を結んでいる場合は、労働時間の管理方法についてあらかじめ検討しておきたいわね。

## ◎ 本業＋副業で、働きすぎて体調を崩した！

労働時間の管理については確認できたけど、働きすぎになっちゃうことが一番心配！　どんな対策をすればいいいですか？

会社としては、従業員と話しあって健康確保措置を実施することが大切だよ。従業員とコミュニケーションをとりながら、過労によって健康を害したり、業務に支障をきたしたりしていないか確認できるようにしておきたいわね。

### 副業における健康確保措置

- 従業員に対して、健康保持のため自己管理をするよう指示する
- 従業員に対して、心身の不調があれば都度相談を受けることを伝える
- 副業の状況も踏まえ、必要に応じて法律を超える健康確保措置を実施する
- 自社での労務と副業先での労務との兼ねあいの中で、時間外・休日労働の免除や抑制をする

基本的に申告によって管理をするとなると、副業をする従業員の自己管理力も求められそうですね。

そうね。業務内容によっても対応は変わってくるわね。**例** 運転業務とか安全に関わるものだと取り返しのつかない事故につながる恐れもあるから、しっかり対処していきたいわね。

たしかに！　従業員個人の健康管理だけでなく、担当する仕事によっては労働災害の防止策としても考えておかないとですね。

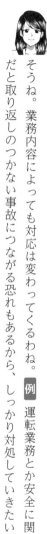

# 03 副業時の社会保険はどこで入る?

社会保険の加入も労働時間で判断するんですよね? ここでも通算するんですか?

それぞれの制度ごとに確認しておきましょう。

## ○副業時の社会保険(厚生年金・健康保険)はどこで入るの?

**厚生年金や健康保険に加入するかどうかは、労働時間などを基準にそれぞれの勤務先ごとに判断される**の。加入する基準は第1章05を参照してね。どちらの会社でも加入基準を満たしていない場合、両社の労働時間を合算することはできないので、結局加入することはできないわ。本業の会社と副業先の両社で加入要件を満たしたら、**「健康保険・厚生年金保険　所属選択・二以上事業所勤務届」**を届け出て、合算する必要があるわ。

それはどんな届出ですか?

副業をしている従業員が、**メインの勤務先はどちらかを届出るもの**だよ。健康保険証はメインの勤務先から発行されることになるわ。保険料は、両社の報酬を合算して社会保険の等級を決めて、それぞれの会社の報酬に応じて案分して納めることになるの。

## 副業時の雇用保険はどこで入るの？

雇用保険に加入するかどうかも、労働時間から勤務先ごとに判断されるわ。加入する基準は第1章04を参照してね。

どちらの会社でも加入要件を満たした場合は、社会保険みたいに届出が必要ですか？

いいえ、雇用保険は1社のみの加入となるの。この場合は**メインで給与をもらっている会社で加入する**ことになるわ。

## 副業時の労災保険はどこで入るの？

最後に労災保険ね。**労災保険は副業かどうかにかかわらず雇用されていれば適用される**の。労

働時間数も関係なく保険の対象になるってことね。

もし業務上の事故があってケガをした場合、事故が起きた会社の給与に応じて補償がされるんですか？

いいえ。労災保険の給付に関しては、すべての就業先の給与を合算した額で給付がされるの（下図）。

これは安心ですね！

そのほか労災の認定においては、それぞれの会社単独で不認定だった場合、両社の業務上の負荷を総合的に評価して判断することにもなっているわ。**副業先への移動時に事故に遭った場合は、通勤災害として労災の対象になる**ことも押さえておきましょう。

例 副業時の労災保険における合算

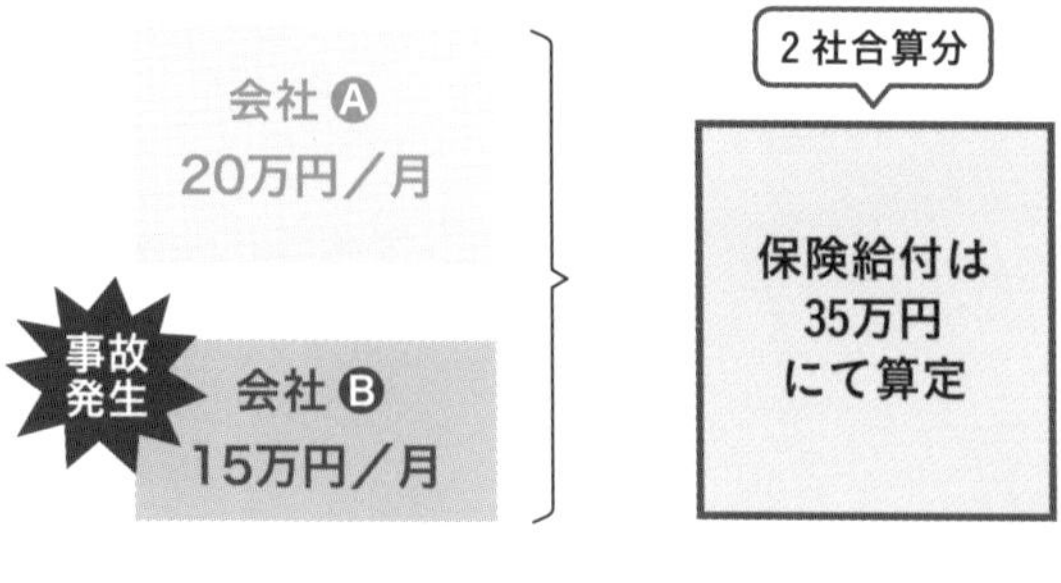

Part

# 04

# 副業における社内ルールを定めよう

## 副業先に企業秘密が漏れないか心配！

第7章03でも触れたけど、企業秘密が漏洩したり、情報漏洩によって会社の名誉や信用を損なってしまうと困るから、情報管理についてはしっかり確認しておきましょう。

たしかに！　進行中のプロジェクトの情報や顧客情報が伝わることもあり得ますよね。

そうね。就業規則に副業・兼業に関する規定を入れるほか、服務規律も見直しておきたいわね（次ページ）。

情報漏洩や競業による損害への対応を想定して副業を許可するなら、誓約書をもらうなどの整備も検討しましょう。ルールを定めたらしっかり周知して、トラブルなく副業ができる職場になるといいわね。

## モデル就業規則（抜粋）

（副業・兼業）

第○条　従業員は、勤務時間外において、ほかの会社などの業務に従事することができる。

2 会社は、従業員からの前項の業務に従事する旨の届出に基づき、当該従業員が当該業務に従事することにより次の各号のいずれかに該当する場合には、これを禁止または制限することができる。

①労務提供上の支障がある場合

②企業秘密が漏洩する場合

③会社の名誉や信用を損なう行為や、信頼関係を破壊する行為がある場合

④競業により、会社の利益を害する場合

参考 厚生労働省「モデル就業規則」

## 例 副業を認める際に検討したい服務規律

（秘密保持）

・従業員は、会社が指定する秘密情報を漏洩してはならない。

（自己保健義務）

・従業員は、自らの健康の保持、増進およびケガ・疾病の予防に努めるものとする。

・会社が実施する所定の健康診断は必ず受診し、健康に支障を感じた場合には、自ら医師の診療を受けるなど、その回復のため療養に努めなければならない。

（その他）

・就業中は業務に専念し、みだりに職場を離れたり、私事の業務を行なったりしてはならない。

・社名の入った名刺を業務以外の目的で使用してはならない。

・業務の範囲に属する事項について著述もしくは講演などを行なう場合は、あらかじめ会社の許可を受けなければならない。

・会社の名誉を汚し、信用を失墜させる行為をしてはならない

# 第11章

# 就業規則・労働基準監督署

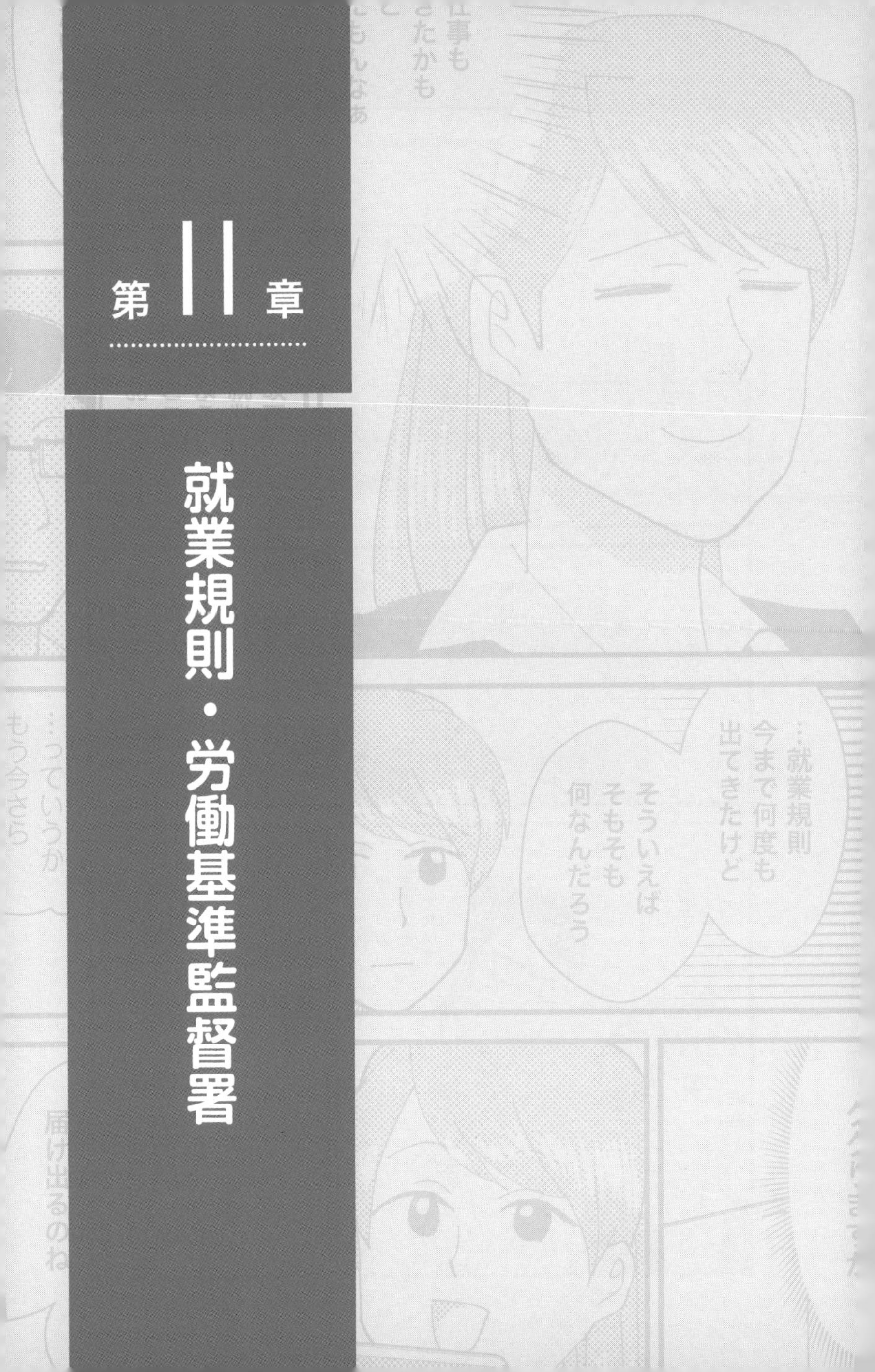

安田さん
はい
営業部の採用の件 内定したから 手続き進めてくれ
はい!
安田さん
宮崎さんから テレワークの 申請書来てたから 対応しておいて
はいっ!

だんだん仕事も
わかってきたかも
いろいろと
がんばったもんなぁ
そうだ
安田さんにこれも
お願いしたいんだけど
最近改正が多かったから
1回就業規則のチェック
するようにって部長が
直すとこあるか
見ておいて
…就業規則
今まで何度も
出てきたけど
そういえば
そもそも
何なんだろう
…っていうか
もう今さら
聞けないな
ググりますか
従業員が10人以上で
届け出るのね
あっ！

絶対的必要記載事項と相対的必要記載事項があるの?
なんだろう?、これ…

労務管理において就業規則はとても重要なものなのよ

法律をベースに労働条件が決定される
強い
弱い
法令(労働法)
国が定めた労働の最低水準を下回る労働条件は無効となる
労働協約
労働組合法をもとに書面で締結された会社と労働組合との労働条件
就業規則
会社が定めた労働条件が記載された書面
従業員10名以上は作成・届出義務がある
労働契約
会社と従業員個人で合意した労働条件
労働契約書・労働条件通知書
原則として労働法がベースにあるから法を下回る労働条件は無効になるの
何かトラブルが起こったときも就業規則にどう記載されているかがポイントになるからしっかり整備しておきたいわね

会社のルールが書いてあるというのはわかっていたけど 法的にも重要なものなんだ
そうね
労働条件や働くときのルールは目に見えないものだから整備するだけでなくしっかり周知して社員に理解してもらうことも重要よ
みんなの理解
それに労基署の調査でもまず就業規則にどう定められているかそのうえで適切な運用ができているかを見ていくのよ
そ、それは…ちゃんと把握しておかないとまずいな
じ…
労基署
みられてる…
会社
ここ数年は働き方改革関連の法改正が多かったし テレワークや副業など時代の変化によって新たなルールが必要になることもあるから定期的に見直しておきたいわね
なるほどー改めて確認してみよ！
ラスト！
詳しく見ていこう！

# 01 就業規則ってなに？

**就業規則は、その会社で働く人の労働条件や職場のルールを定めた書面**なの。常時10人以上の従業員がいる場合は、就業規則の作成と届出の義務があるわ。作成や変更をしたら従業員に周知して、従業員の過半数で組織する労働組合または従業員の過半数代表の意見を聴いたうえで、意見書を添付して労基署へ提出するのよ（次ページ図）。

労働条件やルールは目に見えないものだから、書面になっているって大事ですね。労基署への届け出も忘れずにしなくちゃ！

## ○ 就業規則は会社の法律！

大原則として、雇用されて働く人には労働法が適用されるわ。だから、**就業規則に労働法を下回る労働条件を定めても無効になる**の。それから、労働組合との間で労働条件などを定める**「労働協約」**というものがあるんだけど、これも就業規則より優先されるわ。

ほかに労働条件を定める書面として個別の「労働契約書」があるけれど、これは**就業規則を下回る条件であれば就業規則が優先されて、上回る条件であれば個別の労働契約が優先される**というルールになっているわ（第11章マンガ参照）。

へー。法的な効力には優先順位があるんですね。

あとね、就業規則はただ作成しておくだけではダメで、「周知」といって、**職場の見やすい場所に備えつけたり、書面で交付したり、社内のイントラネットなどに掲示していつでも見られるようにしておく必要がある**の。就業規則は、周知してはじめて効力を発生するのよ。ちゃんと周知できているか確認しておいて。

## ○就業規則には何が記載されているの？

就業規則には具体的に何を定めればいいんですか？

■就業規則の作成・変更、届出の流れ

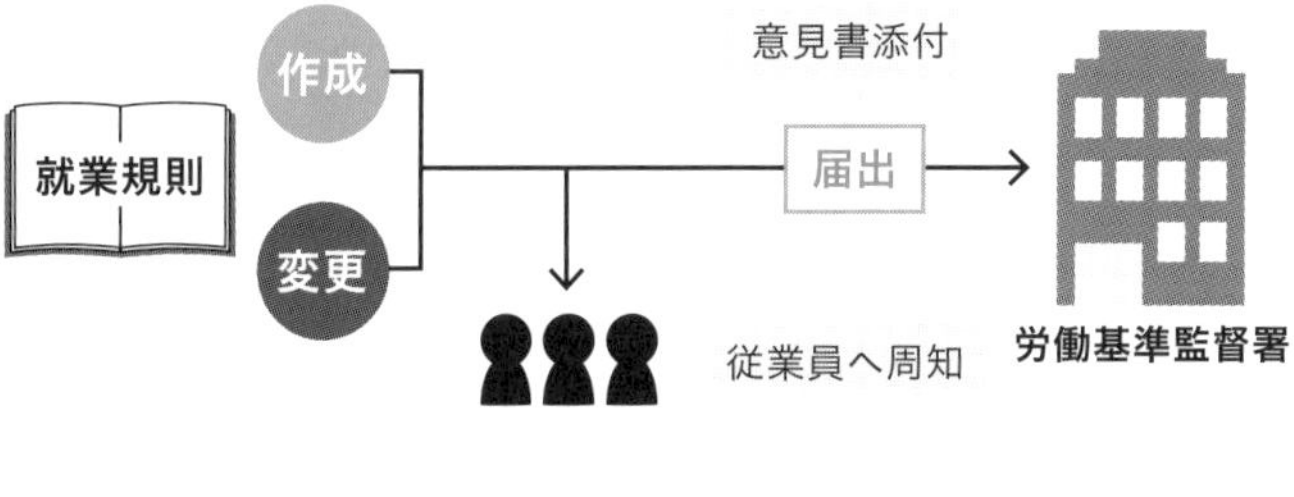
就業規則
作成
変更
意見書添付
届出
従業員へ周知
労働基準監督署

就業規則には記載のルールがあって、必ず記載しなければならない**「絶対的必要記載事項」**と、定めをする場合に記載しなければならない**「相対的必要記載事項」**があるわ(下表)。
第1章07で、採用するときの労働条件の明示について確認をしたけれど、就業規則の記載事項と重複する部分もあるから、個別の労働契約書に就業規則を添付して明示してもいいのよ。原則の考え方として、就業規則は労働契約だという認識を持っておいてね。

**就業規則は労働契約**か。そう考えると簡単に変更できないですよね。

作成する際は、厚生労働省のモデル就業規則を参考にすれば、定めるべき項目や条文が具体的にイメージできるよ。給与や退職金、育児介護休業は、わかりやすく別規程で作成することが多いわね。

## ■就業規則に記載しなければならない事項

| 絶対的必要記載事項 | 相対的必要記載事項 |
|---|---|
| ❶始業および終業の時刻、休憩時間、休日、休暇並びに交替制の場合には就業時転換に関する事項<br>❷賃金の決定、計算および支払いの方法、賃金の締め切りおよび支払いの時期並びに昇給に関する事項<br>❸退職に関する事項(解雇の事由を含む) | ①退職手当に関する事項<br>②臨時の賃金(賞与)、最低賃金額に関する事項<br>③食費、作業用品などの負担に関する事項<br>④安全衛生に関する事項<br>⑤職業訓練に関する事項<br>⑥災害補償、業務外の傷病扶助に関する事項<br>⑦表彰、制裁に関する事項<br>⑧そのほか全労働者に適用される事項 |

こうやって見ると、働くうえで確認しておきたい内容がカバーされているんですね。

そうね。最近は働き方も多様化しているから、労働契約の原則を知ったうえで就業規則や個別の労働契約を整備することが重要なの。労働契約の大原則として、**「合意に基づいて締結する」「均衡を考慮する」「仕事と生活の調和に配慮する」「信義にしたがい誠実に運用する」**ことが求められているのよ。

多様な働き方が求められているし、職場ごとのイレギュラーな対応も結構ありますよね。職場のルールについて、就業規則に定めて合意しておくって大切ですね。

## ■就業規則の構成例

就業規則

第１章　総則
目的、適用範囲等

第２章　採用、異動等
採用手続、労働条の明示、異動、休職等

第３章　服務規律
遵守事項、ハラスメントの禁止
個人情報保護、出退勤の扱い等

第４章　労働時間、休憩及び休日
始業・終業の時刻、休憩時間、休日、変形労働時間制、時間外労働等

第５章　休暇等

第６章　給与
給与について

第７章　定年、退職及び解雇
定年、退職、解雇等

第８章　退職金
退職金について

第10章　安全衛生及び災害補償
健康診断、面接指導、ストレスチェック、安全衛生教育、災害補償等

第11章　職業訓練

第12章　表彰及び制裁
表彰、懲戒の事由等

第13章　公益通報者保護

第14章　副業・兼業

施行日○○年○○月○○日

参考　厚生労働省「モデル就業規則」

## 就業規則を整備するメリットは大きい！

就業規則を整備するメリットってほかにもありますか？

そうね。労働時間や給与、休暇など、働くうえでの基本的なルールが職場で共有されていると働きやすいだけでなく、例 残業代の計算、休職、懲戒処分など、もめやすい部分についてもルールをもとに適切な対応ができるから、無用なトラブルを防ぐことができるわ。

あと、どのように働いてほしいか、してはいけないことは何かを服務規律などに反映させることで、「どんな職場にしたいか」「どんな人材になってほしいか」という会社の思いを伝えることができる点もメリットだよ。

なるほど。残業代の計算とか休職対応は迷うこともあるから、ちゃんと整備しておくと労務管理もしやすくなるね。そう考えると常時10人以上でなくても整備しておいたほうがいいですね！

Part

# 02

# 労使協定で合意すれば法律を越えられる!

## ◯そもそも「労使協定」ってなに?

就業規則について確認できたら、次は労使協定について知っておこうね。労使協定は、過半数労働組合または従業員代表と会社の間で交わされる書面による協定のこと。**労使協定は、労使間の約束事や法律のルールにおける例外事項を定めるときに締結する**のよ。

例外事項って何だろう?

36協定（時間外・休日労働に関する協定）で説明するね。法律の原則は「1日8時間、1週40時間の法定労働時間を超えて残業をさせてはいけない」だよね。でも**労使協定を結べば、例外的に「残業する事情があるときは一定の範囲内で法定労働時間を超えて働かせることができる」ってこと。**

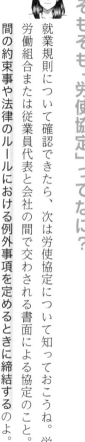

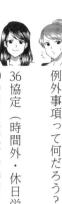

なるほど。部長や高橋先輩に言われて何となく手続きしていたけれど、そういう意味だったんですね。

「免罰効果《めんばつこうか》」というんだけど、**労使協定によって例外事項について合意されていれば罰則を受けなくなるということ**ね。

## ○労使協定が必要な手続きと届出のルール

労使協定の対象となる手続きを一覧にまとめておくね（次ページ表）。所轄の労働基準監督署に届出が必要なものもあるから、あわせて確認しておいてね。

就業規則を整備するときは、必要に応じて労使協定も整備するってことですね。

そうね。1カ月単位の変形労働時間制は労使協定ではなく、就業規則や10人未満の会社だったら雇用契約書で対応することもあるわ。それぞれの適用要件を確認して整備しようね。労使協定は就業規則と一緒に周知しておくことも忘れずにね。

## 労使協定が必要な手続きと届出がいるかいらないか

| 種類 | 届出 |
|---|---|
| ❶時間外・休日労働に関する協定（36協定）<br>➡法定時間外労働・休日労働をさせる場合 | ○<br>※届出により効力発生 |
| ❷育児・介護休業に関する労使協定<br>➡対象となる労働者を一部除く場合 | × |
| ❸年次有給休暇の計画的付与に関する協定<br>➡年次有給休暇の計画的付与する場合 | × |
| ❹時間単位年休に関する協定<br>➡時間単位の年次有給休暇を付与する場合 | × |
| ❺賃金控除に関する協定<br>➡法定以外の賃金控除を行う場合 | × |
| ❻一斉休憩の適用除外に関する協定<br>➡一斉休憩の適用除外をする場合 | × |
| ❼1カ月単位の変形労働時間制に関する協定<br>➡1カ月単位の変形労働時間制を採用する場合 | ○ |
| ❽1年単位の変形労働時間制に関する協定<br>➡1年単位の変形労働時間制を採用する場合 | ○ |
| ❾1週間単位の非定形的変形労働時間制に関する協定<br>➡1週間単位の非定形的変形労働時間制を採用する場合 | ○ |
| ❿フレックスタイム制に関する協定<br>➡フレックスタイム制を採用する場合 | ×<br>※1カ月超の場合○ |
| ⓫事業場外労働のみなし労働時間制に関する協定<br>➡事業場外みなし労働時間制を採用する場合 | ×<br>※法定を超える場合○ |
| ⓬専門業務型裁量労働制に関する協定<br>➡対象業務において裁量労働制を適用する場合 | ○ |
| ⓭代替休暇に関する協定<br>➡1カ月60時間以上の時間外労働に代替休暇を付与する場合 | × |
| ⓮年次有給休暇手当の支払いに関する協定<br>➡年休取得日の賃金を健保の標準報酬日額で支払う場合 | × |
| ⓯貯蓄金管理に関する協定<br>➡従業員の貯蓄金を管理する場合 | ○ |

※そのほか、企画業務型裁量労働制や高度プロフェッショナル制度を適用する場合は、労使委員会での決議・届出が必要

# 03 会社の業績が悪化したら、労働条件は変えられる？

## 労働契約は勝手に変更できる？

部長から、就業規則を見直すように言われました。就業規則を変更するときはどうしたらいいんですか？

**就業規則は労働契約の一部だから、会社が一方的に変更することはできない**の。原則として、労働契約を変更するときも「合意」に基づくという考え方になるわ。

じゃあ、就業規則の変更は合意がないとできないんですか？

**従業員にとって「有利な変更」はできるけど、「不利益な変更」は原則としてできない**わ。とはいえ、労働契約は長期にわたるものだし、その間に社会情勢も変わるから、合理的であればある程度柔軟に就業規則を変更することができるとされているの。

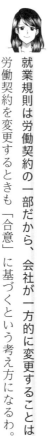

## 不利益変更をするときのルールとは？

**今の労働条件よりも新たな労働条件のほうが悪くなることを「不利益変更」**というわ。労働時間や給与・退職金などの労働条件における既得権を奪って、一方的に不利益な労働条件にすることはできないというのが基本的な考え方なの。

でも例外があって、**「変更後の就業規則を周知」していて「不利益の程度、労働条件の変更の必要性、変更後の就業規則の内容の相当性、労働組合などとの交渉の状況、その他の事情からみて変更内容が合理的といえる」なら、変更することができる**の。ただし、給与や退職金など従業員にとって重要な労働条件に関する不利益変更には、「高度の必要性」といってより厳しい基準が求められるから注意してね。

変更内容が合理的かどうかって、誰が判断するんですか？

基本的には労使双方が納得できているかの問題だけれど、もし折りあいがつかなかったら最終的には裁判で判断されるの。トラブルになったときは、まず行政の相談機関やあっせんの利用、状況次第で労働審判・民事訴訟といった方法で解決を目指すわ。不利益変更にあたるのなら、原則は労使で話しあって個別に同意を取って進めたいわね。

Part

# 04 労働基準監督署から連絡が来た！

## ○そもそも「労働基準監督署」って何をするところ？

就業規則の整備も重要だけど、実際ルールどおりに運用できていなければ法令違反や過重労働などが起こってしまうよね。

いわゆるブラック企業ってやつですね！　就業規則があるはずの大企業でもニュースになることありますよね。

そうならないように見守っているのが**「労働基準監督署」**なの。労基署は労働条件に**関する相談を受けたり職場を訪問したりして、労働関係の法律が守られているかチェックしている**のよ。調査を受けることもあるから基本的なところを確認しておこうね。

## ○ 調査が来たら何をすればいい？

どんなときに調査に来るんですか？

定期的な調査以外に、従業員から申告があった場合や、労働災害が発生した場合などに来るわ。一般的な流れを確認しておくね（次ページ下図）。調査に来て何もなければ指導の終了、もし法律違反が見つかったら改善するように指導されるの。「**指導票**」や「**是正勧告書**」などが渡されるから、期日までに改善に取り組んで報告することになるわ。

## ○ 是正勧告って響きが怖い！

法律違反が見つかったわけだから、罰金とか懲役とかになっちゃうんですか？

基本的には、**是正勧告書**に沿って見直せば大丈夫よ。でも、**もし悪質であったり何度指導しても改善されなかったら、送検されることもある**わ。労基署は調査をするだけでなく司法警察としての側面もあるから、刑事事件として取り調べをしたり、捜索・差し押え、逮捕などの強制捜査をすることもできるのよ。

調査が来たとき、会社に備えつけておくべき書類（第11章05）がないとそれだけで指導されるし、書類を改ざんしたりするとさらに悪質だと判断されるわ。誠実に対応すると心得つつ、日頃から適切な労務管理をしておくことが大切だよ。

■臨検監督の一般的な流れ

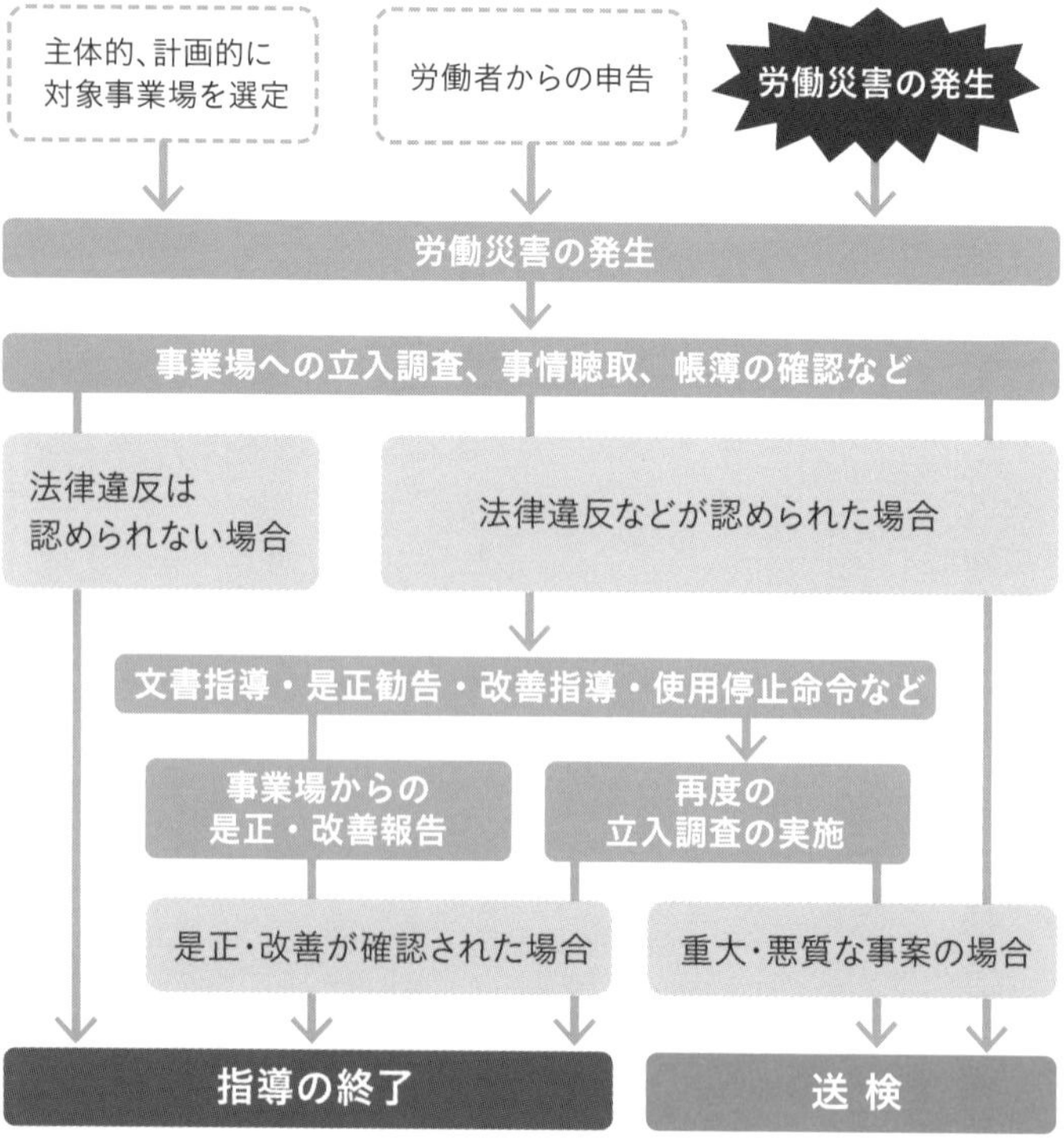

主体的、計画的に
対象事業場を選定
労働者からの申告
労働災害の発生
労働災害の発生
事業場への立入調査、事情聴取、帳簿の確認など
法律違反は
認められない場合
法律違反などが認められた場合
文書指導・是正勧告・改善指導・使用停止命令など
事業場からの
是正・改善報告
再度の
立入調査の実施
是正・改善が確認された場合
重大・悪質な事案の場合
指導の終了
送検


参考 厚生労働省「労働基準監督署の役割」

Part

# 05 会社に絶対なきゃいけない書類ってなんだ？

## ○「法定三帳簿」を知らずして労務管理を語るべからず！

さっき「会社に備えつけておくべき書類がある」って言ってましたよね？

労働基準法で必ず作成することが義務づけられているのが「**労働者名簿**」「**賃金台帳**」「**出勤簿**」の3つよ。必要な項目を記載して**3年間保存する**必要があるの。どんな項目を記載すればいいか確認しておいてね。そのほかの整備しておくべき書面もまとめておくね（次ページ表）。

適切な労務管理ができているか日々確認しながら、きちんと整備していきましょうね。

手続きのことはいつも気にしていたけれど、書類の保管や期限の管理までしないといけないんですね。確認しておきます！

## 法定三帳簿

| | |
|---|---|
| 労働者名簿 | **働いている従業員の情報を記載する**<br>❶労働者氏名　❷生年月日　❸履歴　❹性別　❺住所<br>❻雇入れ年月日　❼従事する業務の種類<br>❽退職や死亡年月日、その理由や原因 |
| 賃金台帳 | **支払った給与などの情報を記載する**<br>❶労働者氏名　❷性別　❸賃金の計算期間　❹労働日数<br>❺労働時間数　❻時間外労働時間数　❼深夜労働時間数<br>❽休日労働時間数　❾基本給や手当などの種類と額<br>❿控除項目と額 |
| 出勤簿 | **従業員の出退勤に関する情報を記載する**<br>・出勤簿やタイムレコーダーなどの記録<br>・使用者が自ら始業・終業時刻を記録した書類<br>・残業命令書およびその報告書<br>・従業員が記録した労働時間報告書など |

## 整備しておくべき書面例と保存期間

| 名 称 | 保存期間 |
|---|---|
| 労働条件通知書 | 3年 |
| 労使協定書、各種許認可に係る書類など | 3年 |
| 災害補償に関する書類 | 3年 |
| 雇用保険に関する書類 | 被保険者に関する書類は４年、そのほかは2年 |
| 定期健康診断の結果 | 5年 |
| 労働保険成立届・概算確定申告など | 3年 |
| 年次有給休暇管理簿 | 3年 |
| 安全衛生委員会の議事録 | 3年 |

## おわりに

長男が1歳になり社会保険労務士として開業し、次男を生み育てながら、育児と仕事を両立して11年が経過しました。開業当初からすると、働き方や雇用のあり方が大きく変化し、令和４年４月以降には、育児・介護休業法がさらに改正施行されます。男女ともに希望に応じて仕事と育児の両立ができるように、出生時育児休業（男性版産休）が新設されました。多様なライフステージに応じて、誰もが生き生きと働きやすい時代へと進展することを願います。

漆原　香奈恵

育児と仕事との両立に悩んだことから働き方を変えたいと思い、社会保険労務士となって7年目を迎えました。このような形で労務管理の本を執筆する機会に恵まれたことに、心から感謝しています。柔軟な働き方ができる職場が増え、家族との時間も大切にしながら、年齢も性別も関係なく自分らしいキャリアを切り開き、誰もが幸せに働くことができる社会が実現することを願っています。最後までお読みいただきありがとうございました。

佐藤　麻衣子

かなえ先生

まいこ先生